LA CONDIZIONE ITALIANA CONTEMPORANEA
LAVORATORI DELL'ARTE 2009-2011 (?)

a cura di Paola Pietronave

contributi di Francesco Bertelé, Emanuele Braga, Francesca Chiacchio, Cecilia Guida, Matteo Lucchetti, Ferdinando Mazzitelli, Giancarlo Norese

seconda edizione, ottobre 2021

ISBN 979-8-4962-4022-2

linktr.ee/lacentrale

la condizione italiana

Lavoratori dell'Arte 2009-2011 (?)

Paola Pietronave

contemporanea

la centrale edizioni

Indice

Alcune
premesse
5

Introduzione
9

Una piccola
cronistoria
23

Interviste
Francesco Bertelé 29
Emanuele Braga 32
Francesca Chiacchio 35
Cecilia Guida 38
Matteo Lucchetti 44
Ferdinando Mazzitelli 48
Giancarlo Norese 52

Materiali
54

Sitografia
utile
106

Alcune premesse

Questa ricerca, iniziata sul finire del 2019, è nata dalla volontà di colmare la mancanza di un discorso sulla condizione delle lavoratrici e dei lavoratori dell'arte in Italia nell'attuale momento storico.
Ho deciso di procedere a ritroso, soffermandomi prima su fenomeni accaduti negli ultimi dieci anni, ancora non storicizzati e di cui non è presente letteratura, per poi ripercorrere i decenni passati fino ad arrivare a esperienze più note e già storicizzate.

La scelta di questo modus operandi dipende da alcune caratteristiche peculiari del caso italiano, che si presenta come frammentato, denso di opacità e di esperienze dimenticate, costellato da figure importanti che hanno fornito una loro interpretazione della storia, lasciando altre narrazioni più piccole "ai margini", là dove spesso si finisce per essere dimenticati.

Ho pensato che l'unico modo possibile per svolgere un tale groviglio (o almeno provare a farlo), fosse accoglierne la complessità, lasciando al lettore la possibilità di compiere libere associazioni, stratificazioni e interpretazioni personali delle vicende. Ho scelto di realizzare piccole analisi di singoli fenomeni, "casi-studio" specifici di cui raccogliere testimonianze dirette e, ove possibile, materiali messi a disposizione o disponibili in rete.

Mi è sembrato significativo cominciare con il caso dei Lavoratori dell'Arte per due motivi.
A quasi un decennio dalla sua nascita, non esiste un archivio digitale sul tema (eccezion fatta per il meraviglioso UnDo. Net, dove ho reperito la quasi totalità del materiale presente nel testo e indicato nella sitografia) ed è stato davvero difficile reperire testimonianze e informazioni da chi ne ha fatto parte: c'è chi lo considera una brutta esperienza, chi lo reputa un capitolo chiuso, qualcuno lo ricorda come qualcosa che non è completamente riuscito, con sentimenti simili a quelli che si provano rimembrando un fallimento.

Sono profondamente convinta che lo studio e la ricerca possano fare molto quando subentrano questi stati di risentimento e imbarazzo, a creare quasi un blocco energetico: può spazzare via ogni reticenza e indagare con ottimismo, al fine di rendere possibile una rilettura critica (quasi terapeutica), che porti a riconfigurare, nel panorama contemporaneo, i desideri, i bisogni e le istanze sollevate in un determinato momento storico, per creare un ulteriore momento di incontro, un'occasione di (auto)riflessione e la base per nuovi slanci verso un futuro che è ancora tutto da disegnare.

Ero intenzionata a incontrare le persone che avevano fatto parte del movimento e intervistarle, per raccoglierne impressioni e riflessioni, cercando di "mettere in moto" una macchina di incontri e discussioni su un tema quanto più attuale, ma che sembrava in qualche modo dimenticato da tutti, forse ormai troppo imbrigliati nel sistema per poterlo rimettere in discussione.
È stato proprio in questo momento che è accaduto l'"inimmaginabile" che tutti tristemente abbiamo imparato a conoscere: la pandemia da Covid-19, il lockdown, il distanziamento sociale.

L'idea di incontrarsi si è trasformata in uno scambio di mail e in alcune telefonate, rendendo ancora più arduo stabilire contatti senza conoscere nessuno di persona già in precedenza.

In questo "impossibile" che è accaduto, il discorso sulla condizione delle lavoratrici e dei lavoratori dell'arte in Italia ha inaspettatamente subito una forte ripresa con la nascita di Art Workers Italia, un gruppo informale, autonomo e apartitico di lavoratrici e lavoratori delle arti contemporanee, formatosi su base partecipativa nel contesto della crisi sociale ed economica causata dalla pandemia di Covid-19, in cui si è reso evidente che lo stato italiano non avesse previsto alcuna misura di sostegno per i lavoratori delle arti e dello spettacolo.

Mi pare quindi che questa ricerca sia ancora più urgente e al centro di quanto stiamo vivendo, e che forse davvero l'unico modo per rompere il "ghiaccio" che avvolge questa situazione così complessa sia accoglierne la frammentarietà e analizzarla caso per caso, al fine non tanto di raccontare la Storia, quanto di dispiegarla nelle molteplici esperienze che la costruiscono, anche ai margini: punti di vista altri, desideri e bisogni che vanno riletti alla luce della situazione attuale per riattualizzarne i contenuti.

Si tratta, alla fine, di una ricerca militante e partigiana, che punta ad ascoltare e raccogliere punti di vista "situati", testimonianze dirette (anche scomode o fallimentari), con la speranza e l'obiettivo di farne una memoria capace di riattualizzarsi, per esortarci a rivendicare quei diritti che ancora non ci sono stati riconosciuti e che ambisce alla messa a crisi di un sistema nazionale che mostra molti aspetti su cui è sempre più necessario lavorare duramente insieme.

Introduzione

"Opera" e "lavoro"

Il primo termine ci rimanda alla forza dell'ingegno e al robusto potenziale trasformativo della volontà, mentre il secondo ci racconta, tra le pieghe della sua etimologia, della fatica del quotidiano, dell'"operar faticando".

Quando compare il termine "lavoro" nel contesto dell'arte? Un primo esempio importante è quello degli Art Workers Coalition, nati nel gennaio del 1969 a New York.

Art Workers' Coalition (AWC) era una coalizione aperta di artisti, filmmakers, scrittori, critici e membri dello staff museale il cui obiettivo principale era fare pressioni sui musei cittadini – in particolare il Museum of Modern Art – per implementare misure economiche e politiche a sostegno degli operatori del settore e della collettività.
Queste includevano messa in discussione dei criteri che regolavano la scelta degli artisti che venivano esposti e promossi: erano assenti le artiste donne e gli artisti neri, afrodiscendenti e latinoamericani, e questa fu una delle principali istanze sollevate, che condusse alla formazione di Women Artists in Revolution (WAR) nel 1969.
La coalizione funzionava come un gruppo di pressione per denunciare le condotte dei musei, con particolare attenzione agli ingressi a pagamento e alla posizione presa dalle istituzioni rispetto alla guerra in Vietnam, che sfociò nella nota protesta di fronte a Guernica di Picasso esposta al MoMA e alla conseguente richiesta di rimuoverla, poiché si trattava di un'opera realizzata con intento politico ma ormai ridotta a feticcio senza più alcun valore, frutto del "genio" dell'artista-genio-eroe.

AWC nacque in seguito ad un fatto avvenuto al MoMA durante una mostra curata da Pontus Hulten, *The Machine at the End of the Mechanical Age*: Vassilakis Takis rimosse la sua opera, già acquisita dal MoMA, e la installò nel giardino delle sculture del museo, in quanto era stata inclusa nell'esposizione curata da Hulten senza il suo permesso.

Fecero seguito una serie di incontri al Chelsea Hotel, per discutere della responsabilità politica e sociale dei lavoratori dell'arte.
Il gruppo includeva Vassilakis Takis, Wen-Ying Tsai, Hans Haacke, Willoughby Sharp, Liza Bear, John Perreault e Carl Andre, tra gli altri.
Le attività della coalizione, che ebbero luogo sino alla fine del 1971, portarono ad alcuni cambiamenti nel modo in cui i musei si rapportavano agli artisti, segnando una discontinuità rispetto a quanto era accaduto sino a quel momento.

È esistito o esiste qualcosa di analogo in Italia?

Quando è stata nominata la parola "lavoro" all'interno del sistema dell'arte italiano per la prima volta?
Da chi e come è stata presa in considerazione la condizione della lavoratrici e dei lavoratori dell'arte?

In Italia una significativa ricerca apertura alla collaborazione tra artisti avviene con il **manifesto del 2 aprile 1968 di Michelangelo Pistoletto**, che era stato invitato a esporre con una sala personale alla Biennale di Venezia:

> "Con questo manifesto invito le persone che lo desiderano a collaborare con me alla XXXIV Biennale di Venezia. Io per collaborazione intendo un rapporto umano non competitivo ma di intesa sensibile e percettiva. Cedere una parte di me stesso a chi desidera cedere una parte di se stesso è l'opera che mi interessa."

Questo intervento non avrà luogo a causa della sopravvenuta contestazione politica che a suo giudizio ne avrebbe resa equivoca la natura.

Gli Anni Settanta segnano un periodo di turbolenza nel clima politico e sociale italiano, che si riflette anche in numerose iniziative e azioni portate avanti da artisti e collettivi.
Volendo però concentrarci in particolar modo sull'arco temporale che va dagli Anni Novanta ad oggi, un evento

importante è rappresentato dall'**invito a partecipare alla XII Quadriennale di Roma nel 1996 rivolto a Cesare Pietroiusti**, il quale estende la partecipazione a circa duecento artisti, mettendo in crisi il meccanismo di inclusione/esclusione che regola l'accesso, la partecipazione e, conseguentemente, il riconoscimento e la selezione degli artisti da parte delle istituzioni.

Fondamentale è ovviamente **Oreste**, un "gruppo" spontaneo di artisti che "non si proponeva come compagine politica o antagonista al sistema, ma semplicemente come un'alternativa possibile al modo di fare arte in un'Italia che di attenzione alla cultura contemporanea ne prestava veramente poca. (...) Oreste nasce a Paliano, in provincia di Frosinone, dove sono iniziate le prime residenze; approda a Bologna – centro nevralgico della sperimentazione dei linguaggi creativi e degli spazi autogestiti –, dove si svolge il convegno dal titolo *Come spiegare a mia madre che ciò che faccio serve a qualcosa?*; poi va a Venezia grazie all'invito di Harald Szeemann a partecipare alla sua 48ª Biennale *(dAPERTutto)*, e poi ancora si trasferisce al sud, a Montescaglioso, in provincia di Matera, dove sono state fatte le ultime residenze finalizzate a laboratori e workshop; infine fa tappa a Roma dove se ne decreta la morte nel 2001 all'interno della mostra *Le tribù dell'arte*."[1]

Un incontro altrettanto fondamentale è stato **Il Falso Oreste**, uno degli ultimi *Appuntamenti di Arte Pubblica* del progetto GAP (Giovani per l'Arte Pubblica, a cura di Gino Gianuizzi) che si sono svolti dal mese di marzo al mese di giugno 2009 a Bologna e che hanno visto come relatori proprio alcuni tra i principali iniziatori di Oreste (Emilio Fantin, Luigi Negro, Giancarlo Norese, oltre allo stesso Pietroiusti), durante il quale viene lanciata la proposta del cosiddetto "Appello al

---

[1] Serena Carbone, *Progetto Oreste, il fantastico nel quotidiano*, alfabeta2, https://www.alfabeta2.it/2019/04/21/progetto-oreste-il-fantastico-nel-quotidiano/

Presidente". "L'intenzione non è stata quella di storicizzare né celebrare l'iniziativa originaria ma, semplicemente, di ripensare al significato e alla natura di un'esperienza di tal genere, cioè a una modalità comunitaria e condivisa di fare arte; discutere l'opportunità di eventuali nuovi paradigmi di socializzazione come dinamiche di lavoro; nonché la possibilità di instaurare inedite reti di connessioni tra gli operatori del settore, per uscire dai limiti angusti e autistici dell'individualità."[2]

La proposta di **appello al Presidente della Repubblica**[3] che accompagna la lettera nata nell'ambito dell'incontro bolognese, stilata da a.titolo e presentata da Cesare Pietroiusti nell'ambito di *ArtLab 09. Dialoghi intorno al management* organizzato dalla Fondazione Fitzcarraldo di Torino, è un messaggio destinato alle istituzioni che "intende sollevare l'attenzione sulla sempre più urgente necessità di veicolare, sulla scena nazionale e internazionale, una cultura italiana indipendente, mossa da un profondo senso di responsabilità, consapevolezza e capace anche per questo, di proporsi davvero come patrimonio collettivo".
Con oltre cinquemila firme raccolte, l'appello fu accolto dal Presidente attraverso la risposta del suo collaboratore Louis Godart ed ebbe il merito di aprire la discussione in diverse città italiane (Bologna, Venezia, Roma e Torino).

Fa seguito a questo appello il lancio sul web di una **lettera per denunciare il "pasticcio all'italiana" relativo alle nomine del castello di Rivoli**, scritta da Cecilia Guida – evidenza di un sistema poco trasparente e oggetto delle ingerenze della politica – rilanciata da Aria Spinelli con un suo testo e appoggiata da UnDo.Net, che sostiene la causa e ospita sulla sua piattaforma una rubrica dedicata.

---

2   Rita Correddu e Alice Militello, *Il vero de Il falso Oreste*, UnDo.Net, 17.10.2009, http://1995-2015.undo.net/it/argomenti/1255808744#
3   http://1995-2015.undo.net/it/argomenti/1254428367

Viene aperta da Matteo Lucchetti una pagina Facebook dedicata alla lettera, chiamata "Sdegno per le nomine del castello di Rivoli" il cui scopo è raccogliere il malcontento generale legato alla pessima gestione del sistema dell'arte contemporanea in Italia.

Il dibattito si allarga anche a Genova, Milano (con l'evento *L'altra parte del giorno*) e Berlino. Ci sono nuove polemiche in seguito alla nomina di Vittorio Sgarbi come curatore del Padiglione Italia alla 54ª Biennale Arti Visive di Venezia.

Come riportato sul sito di UnDo.Net (trascrivo fedelmente): "l'importanza di allargare la questione ad altri ambiti disciplinari e di iniziare a pensare ad una protesta collettiva porta alla formazione di un gruppo di riflessione chiamato Il Paese è reale (DRR), dove "DRR" sta per "Distruggi, Riavvolgi e Ricostruisci". Il gruppo è composto da artisti, critici e curatori gravitanti attorno all'area milanese, accomunati dalla voglia di portare all'esterno un pensiero critico sulla condizione dell'arte contemporanea in Italia. Attraverso una serie di azioni pubbliche, l'intento del collettivo è quello di creare consapevolezza attorno alle dinamiche effettivamente in corso sulla promozione culturale e sulla gestione del patrimonio artistico.

Dopo l'annuncio della possibile mozione di sfiducia da parte del Governo nei confronti dell'ex Ministro Bondi – a seguito dell'ennesimo episodio di mal governo del patrimonio che ha portato ad una serie di crolli nell'area archeologica di Pompei – Il Paese è reale (DRR) sente la necessità di intervenire e realizza *furiBondi*, ovvero una riscrittura, à la Tristan Tzara, della lettera originale scritta dall'ex Ministro per difendere la sua posizione di non colpevolezza sui fatti accaduti.

Le riflessioni e le discussioni portate avanti da Il Paese è reale (DRR) attorno a una progettualità nell'affrontare un discorso comune di denuncia e di elaborazione di proposte alternative vedono l'estensione della partecipazione al gruppo di artisti legati all'area torinese e a quella romana.

Il Paese è reale (DRR) è l'autore dell'azione collettiva *Statement*, nella quale un testo scritto a più mani viene letto, con un altoparlante, negli spazi pubblici e all'interno di musei e luoghi per la cultura delle città di Milano e di Torino, durante i festeggiamenti del 150° Anniversario dell'Unità d'Italia. Parte del testo è ora integrato nel Documento dei Lavoratori dell'Arte qui pubblicato.

Con il progetto *Lo spettacolo che tutti vogliono*, ad opera di due artisti operanti a Milano, si indaga sulla situazione dei lavoratori dell'arte negli spazi della Biennale di Venezia, stimolando discussioni e riflessioni sul ruolo dell'artista nell'attuale assetto dell'industria culturale.
A luglio vengono mostrati i risultati di questa ricerca nella galleria Artra di Milano, dove, nel giorno di inaugurazione, i due artisti organizzano una tavola rotonda dal titolo *L'arte è un lavoro*. Da questa discussione, a cui partecipano artisti, curatori e attivisti della scena milanese e nazionale, nasce la necessità di scrivere un documento di denuncia della distanza istituzionale dalle problematiche attuali all'interno del sistema dell'arte e dell'assenza dei diritti degli operatori del settore.
In questo senso, un gruppo di persone che ha partecipato alle varie fasi di questo potenziale movimento, che dal 2009 agisce in senso critico e discorsivo sugli accadimenti del sistema artistico italiano, decide di formulare un documento (il **Documento dei Lavoratori dell'Arte**, appunto) di carattere nazionale, frutto del lavoro fatto in questi ultimi due anni e mezzo, e che riarticoli le analisi, le istanze e le proposte non più procrastinabili nella gestione dell'arte e del suo sistema in Italia"[4].
La prima volta in cui vengono espressamente menzionati i lavoratori dell'arte in area italiana è quindi con l'omonimo gruppo nato nel 2009.

[4] Ho riportato integralmente la ricostruzione degli eventi presente su UnDo.Net in quanto è la più esaustiva presente al momento. (http://1995-2015.undo.net/it/argomenti/1311341043)

Sembra una cosa di poco conto l'utilizzo della parola
"lavoro", ma non è così: il 2008 ha segnato l'inizio di una
profonda crisi economica, il precariato dilaga, la scuola ha
ormai intrapreso il suo percorso verso l'autodistruzione
e c'è un malcontento diffuso dovuto alle politiche di
privatizzazione (con conseguenti tagli al settore pubblico)
che ricadono sul welfare nazionale.

"Crediamo che il sistema all'interno del quale lavoriamo e
produciamo cultura sia da ripensare in modo radicale.
Tutti constatiamo che la nostra vita di lavoratori è
estremamente precarizzata. Investiamo di tasca nostra
per acquisire un alto livello di formazione, maturando una
grande aspettativa che è frutto delle nostre conoscenze,
del nostro spirito critico e delle nostre presunte libertà
individuali. Sempre di tasca nostra investiamo per mettere
in pratica il meglio che sappiamo fare, così da ritagliarci
un ruolo di prestigio nel sistema dell'arte. Aspettiamo che
questo sistema ci riconosca un'economia, che ci permetta di
produrre in modo indipendente e nel rispetto della libertà
d'espressione, anche al di fuori di un'ottica di accumulo
e profitto. Questo diritto non ci viene corrisposto ma
non ci viene neanche negato di principio. Qui comincia
lo sfruttamento: investiamo per salvaguardare il nostro
ruolo e in cambio veniamo pagati per una miriade di sotto
prodotti di ciò che sappiamo fare. Sotto prodotti che vanno a
comporre il vero mercato dell'industria culturale.
Non siamo dei veri e propri esclusi, perché il fatto stesso di
essere esclusi è il vero business!

Viviamo nell'attesa di oltrepassare una soglia, di entrare
nella stanza dei diritti condivisi, della legittimità
di un'espressione indipendente, senza capire che
quest'anticamera è il sistema stesso: non c'è niente oltre
quella soglia. Ci hanno tolto i diritti senza che ce ne
accorgessimo. Inconsapevolmente stiamo interpretando le
condizioni del nostro sfruttamento. Subiamo la precarietà
nell'attesa di qualcosa di più legittimo ma siamo noi stessi ad
alimentare questa grande disattesa.

Perché accettiamo che questi aspetti siano secondari?
Perché i lavoratori dell'arte fanno fatica ad identificarsi con
le proteste degli altri lavoratori precarizzati?"

"Invitiamo tutti i lavoratori dell'arte ad aprire uno spazio di
discussione, di azione politica e di espressione artistica, che
diventi luogo dove reclamare i diritti ed elaborare un diverso
immaginario di produzione culturale".

(dal *Documento dei Lavoratori dell'Arte*)

Un invito, quindi, rivolto a tutti, per ripensare
collettivamente un sistema culturale opprimente, corrotto e
lontano dalle difficoltà dei giovani precari, i quali sembrano
destinati a non avere alcun futuro.
Segue un comunicato, datato 25 settembre 2009, che ha
l'obiettivo di chiarire quali sono gli obiettivi e gli slanci del
gruppo:

"25.9.2011

I Lavoratori dell'Arte intendono dare una risposta alle
adesioni ricevute da parte di molti artisti e operatori
culturali.
Il Documento dei Lavoratori dell'Arte esprime la convinzione
che sia necessario conquistare all'arte e alla cultura lo status
di beni comuni e vuole rappresentare un punto di partenza
per sviluppare pratiche e discussioni intorno alla necessità
di costruire un nuovo welfare culturale.

Per questo motivo, noi Lavoratori dell'Arte, dobbiamo cercare
di esplicitare con chiarezza le condizioni di precarietà in
cui ci troviamo ad operare. Specialmente laddove il termine
precarietà appare ormai inflazionato, è necessario invece
riconoscerne le dinamiche, l'ambivalenza, l'estensione e le
forme. Del resto, in un momento in cui la crisi ha acuito la
gravità delle nostre condizioni, dobbiamo partire da una
diagnosi lucida per mettere in campo contromisure efficaci.
Cerchiamo di chiarire alcuni aspetti, per punti.

– Questo non è un manifesto
– Non siamo né vogliamo diventare un sindacato.
– Non ci interessa rappresentare qualcuno, ma vogliamo costruire un mezzo di auto rappresentazione.
– Non lottiamo per l'establishment italiano dell'arte contemporanea.
– Rifiutiamo l'estetizzazione delle lotte e l'idea di avanguardia, in arte come in politica.
– Conseguentemente vogliamo attraversare le lotte reali, aperte anche su terreni diversi ma affini a quello delle arti visive, come quelle dei lavoratori dello spettacolo, della conoscenza e degli studenti.
– Non ci interessa riconfermare la distribuzione istituzionale di ruoli: l'artista, il curatore, il pubblico, ecc. Usiamo questi termini senza imbarazzo, ma preferiamo rompere questi confini indicando nell'operatore del contemporaneo quella figura che ricompone la nostra frammentazione esistenziale, professionale, sociale, culturale e politica. L'operatore del contemporaneo è artista, curatore, critico, designer, danzatore, autore, pubblico, creativo, guardasala, studente, ricercatore, stagista, scrittore, attore, tecnico, copywriter, maschera e molto altro ancora.
– Non ci interessa far funzionare questo sistema. Denunciamo le ingerenze politiche in campo artistico e la vergognosa governance pubblica della cultura, non per affermare lo status quo dell'istituzione arte in Italia, ma perché pensiamo che da questa inadeguatezza si debba partire per inventare nuove forme istituzionali.
– Diciamo che reddito e welfare sono due temi che devono entrare nel dibattito critico intorno alle arti visive. Senza, non troviamo punti di aggancio con le lotte reali, ma ci limitiamo a ri-affermare il nostro piccolo posto nel sistema quali critici dello stesso. Non siamo gli utili idioti complici.
– Noi non chiediamo assistenza, vogliamo ciò che ci spetta. Laddove i discorsi e le pratiche artistiche istituzionali hanno già individuato la natura relazionale, sociale, cooperante e reticolare della produzione artistica contemporanea, ciò che manca è una distribuzione equa del valore che viene socialmente prodotto. Esso è concentrato nelle mani

di pochi a discapito di molti (quei molti senza cui oggi
l'arte non potrebbe funzionare se non nella ripetizione di
modelli ormai esausti). Siamo dunque catturati all'interno
di una parodia della dimensione comune dell'arte. A noi
spetta il compito di prendere sul serio questo comune,
ri-catturandolo attraverso un'inchiesta seria delle nostre
condizioni di vita/lavoro, attraverso la messa in campo
di forme di lotta adeguate e allo stesso tempo, attraverso
pratiche critiche e artistiche che sappiano articolare i nessi
tra arte, politica e lavoro.
– Diciamo che i linguaggi artistici sono un fatto politico e
diciamo che la precarietà è un freno alla sperimentazione,
all'ambizione, all'intelligenza, alla radicalità e al respiro
globale dell'arte.
Questi pochi spunti generali dovranno, fin da subito,
essere messi in pratica su due livelli paralleli. Il primo sarà
quello delle mobilitazioni dell'autunno prossimo in cui gli
operatori del contemporaneo possono ritagliarsi un ruolo di
primo piano. Queste mobilitazioni avranno come bersaglio
le politiche di austerity che, tra i molti effetti negativi,
conteranno il risultato di porre un freno ulteriore alle
pratiche artistiche indipendenti.
In secondo luogo dobbiamo elaborare degli strumenti legali
e giuridici che possano iniziare a regolare i nostri diritti. Ad
esempio un corpus di contratti che possa meglio tutelare
la nostra produzione, ma anche ad una bozza di carta
di responsabilità sociale applicabile al lavoro in ambito
artistico".

(dal *Comunicato dei Lavoratori dell'Arte* del 25/09/2009)

Il gruppo spinge per farsi spazio e per la creazione di
bandi e residenze d'artista, per creare possibilità concrete
per i giovani e precari lavoratori dell'arte, per denunciare
pubblicamente un sistema "mafioso", sottolineando la
necessità di creare nuovo rapporto con le istituzioni.
Fa convergere in sé e mette in collaborazione gruppi

eterogenei: il nucleo originario DRR, Vladivostok[5], il
Teatro Valle Occupato di Roma, Isola Art Center, persone
appartenenti ai movimenti antagonisti e diversi intellettuali,
artisti e pensatori come Bert Theis e Antonio Caronia.

Il senso è porre all'attenzione della collettività la gravità della
situazione del sistema dell'arte che, lungi dal procedere
secondo un criterio meritocratico, non offre alcuna
possibilità ai giovani, creando ricadute negative sull'intera
società.

Persone con intenti, attitudini e approcci diversi erano
coinvolte in questa esperienza, e forse sono state proprio
queste divergenze a dividere il gruppo dall'interno[6].

Nell'autunno 2011 una serie di incontri pubblici[7] conduce
all'**occupazione del PAC di Milano** il 3 dicembre dello stesso
anno.
L'occupazione è simbolica: Il Padiglione di Arte
Contemporanea viene rinominato "Padiglione d'Arte
Comune", con l'obiettivo di realizzare in uno spazio pubblico
un'assemblea cittadina "per discutere di arte e cultura come
bene comune e per cominciare la sua trasformazione in un
inedito laboratorio di politica e linguaggi artistici a porte
aperte[8]".
Non viene rivendicata un'attitudine corporativa, bensì
l'intento è di inserirsi nella lotta comune al precariato,
per denunciare l'assenza di politiche di redistribuzione

5   https://www.sottobosco.net/post/23998688675/vladivostok
6   Difendere Macao, un articolo su UnDo.Net firmato da
Anna Stuart Tovini e Vincenzo Chiarandà che ripercorre
i fatti avvenuti fino a quel momento, raccontandone
dinamiche inedite. https://1995-2015.undo.net/it/argomenti/1339442437
7   http://1995-2015.undo.net/it/my/d903714347694af092af40046b9d45b2
8   http://1995-2015.undo.net/it/my/d903714347694af092af40046b9d45b2/103/206

economica e di welfare, per creare, in un processo che si costruisce dal basso, unendo i lavoratori dell'arte ad una cittadinanza attiva, una nuova dimensione in cui re-immaginare gli spazi destinati all'arte, che diventano bene comune destinato alla collettività, "materia viva" da trattare con cura: l'invito è ad "occuparci di ciò che è nostro".

La reazione del pubblico è stata varia: alcuni visitatori della mostra hanno protestato, rivendicando il diritto di visitare l'esposizione *Pixar. 25 anni di animazione* avendone pagato il biglietto e, quindi, in tal senso, avendo aiutato la cultura. Molti, invece, sono rimasti ad ascoltare le motivazioni dei Lavoratori dell'Arte e hanno preso parte all'assemblea. L'assessore Boeri, accorso per capire cosa stava succedendo, ha deciso di lasciare aperta la mostra, di cui in un primo momento erano stati sospesi gli ingressi, e di non far pagare il biglietto ai visitatori a causa dell'eccezionalità della situazione.

Dopo l'occupazione simbolica del PAC diversità di vedute e disaccordi portano all'allontanamento dal gruppo di molti: dei 15 firmatari iniziali ne restano solo 5, i quali iniziano a coordinarsi con alcuni gruppi di azionismo politico alla ricerca di un luogo da occupare.
Il 5 maggio 2012 viene **occupata la Torre Galfa** (acronimo che deriva dalla posizione dell'edificio, all'incrocio tra via GALvani e via FAra): un grattacielo progettato da Melchiorre Bega nel 1956, occupato prima dalla compagnia petrolifera S.A.R.O.M[9]., poi dalla Banca Popolare di Milano e nel 2006 venduto per 48 milioni di euro alla Immobiliare Lombarda, società del gruppo Fondiaria Sai di Salvatore Ligresti, per rimanere inutilizzato sino al momento dell'occupazione.
Su Domus[10] un articolo riporta alcune dichiarazioni rilasciate durante l'occupazione: "Vogliamo mettere in relazione il

9 https://www.macaomilano.org/spip.php?article153
10 Lucia Tozzi, Arte nella Torre Galfa, Domus, https://www.domusweb.it/it/arte/2012/05/12/arte-nella-torre-galfa.html

modo in cui l'industria culturale produce disuguaglianza, a Milano e non solo, sia sul fronte del lavoro che su quello urbano", aggiunge Angelo, artista che fa parte del gruppo. "Cosa lascia sul terreno, l'economia dell'evento: dal Salone del mobile all'Expo, alla Biennale di Venezia o al Forum delle Culture di Napoli? In sostanza nulla, né ai cittadini né ai cosiddetti creativi, espropria lavoro gratuito e spazio pubblico. Produce gentrificazione, esattamente come l'enorme area di Porta Nuova qua dietro nel quartiere Isola".

L'evento ha subito una grande eco mediatica, in pochissime ore la notizia viene diffusa e centinaia di persone giungono sul posto: è la **nascita di MACAO** e di quello che prenderà il nome di Nuovo centro per le arti, la cultura e la ricerca di Milano.

Il 15 maggio verranno sgomberati, per poi proseguire con l'esperienza di Piazza Macao, sempre in Via Galvani, e con l'occupazione (della durata di due giorni) di Palazzo Citterio, un edificio del '700 abbandonato da quarant'anni.
Farà seguito un periodo denso di assemblee in vari luoghi di Milano e il 16 giugno entreranno nell'Ex Borsa del Macello di Viale Molise, palazzina liberty in disuso al centro di un progetto di riqualificazione e attuale sede del centro.

Questo finale "aperto" ha rappresentato un successo per alcuni, ma non per tutti i Lavoratori dell'Arte: una parte è confluita in Macao, segnando la presa di distanza di altri, così come la fine di alcuni rapporti.
Forse questa è stata la ragione della difficoltà a raccogliere testimonianze e ricordi, unita alla pandemia in corso e all'impossibilità di incontrarsi.

A dieci anni di distanza sembra però utile una rilettura critica e una storicizzazione di quanto accaduto, e resta la convinzione che in parte la postura etica dell'intero impianto dei Lavoratori dell'Arte si possa ritrovare nei singoli percorsi intrapresi da chi ne ha fatto parte negli anni successivi al suo "scioglimento".

Una piccola cronistoria[1]

---

[1] La cronistoria è tratta dal sito UnDo.Net
(http://1995-2015.undo.net/it/argomenti/1311341043)

2009

3 ottobre
Appello al Presidente della Repubblica Giorgio Napolitano durante l'incontro Il Falso Oreste a Bologna

A Bologna, Venezia, Roma e Torino, si organizzano piccoli organismi di discussione attorno alle specificità locali dei problemi nazionali evidenziati dalla lettera

23 dicembre
Lettera di denuncia per il "pasticcio all'italiana" avvenuto attorno alle nomine del Castello di Rivoli

Pagina Facebook "Sdegno per le nomine del castello di Rivoli"

2010

Condivisione delle analisi territoriali scaturite dalle due lettere, che vedono aggiungersi Genova, Milano (con l'evento L'altra parte del giorno) e Berlino

Formazione di un gruppo di riflessione chiamato "Il Paese è reale (DRR)", che organizza tavoli di lavoro con Michela Gulia, Elvira Vannini, Caterina Iaquinta, Francesca Chiacchio, Marcella Anglani, Camilla Pietrabissa, Francesca Guerisoli, Valerio Del Baglivo e, come Vladivostok, Alessandro Nassiri e Maddalena Fragnito

2011

Estensione della partecipazione al gruppo di artisti legati all'area torinese e a quella romana

Azione collettiva Statement ad opera di Il Paese è reale (DRR): un testo scritto a più mani viene letto, con un altoparlante, negli spazi pubblici e all'interno di musei e luoghi per la cultura delle città di Milano e di Torino, durante i festeggiamenti del 150° Anniversario dell'Unità d'Italia. (Parte del testo integrato nel Documento dei Lavoratori dell'Arte)

11-16 luglio "Lo spettacolo che tutti vogliono", ad opera di Maddalena Fragnito e Emanuele Braga indaga sulla situazione dei lavoratori dell'arte negli spazi della Biennale di Venezia e gli esiti della ricerca vengono mostrati alla galleria Artra di Milano, dove viene realizzata la tavola rotonda "L'arte è un lavoro" organizzata da Maddalena Fragnito, Emanuele Braga e Francesca Guerisoli

22 luglio Documento dei Lavoratori dell'Arte

25 settembre Comunicato dei Lavoratori dell'Arte

3 dicembre Occupazione del PAC di Milano

2012

5 maggio Occupazione della Torre Galfa e nascita di Macao

Interviste[2]

[2] Ho rivolto le stesse quattro domande a tutti gli intervistati, trovati attingendo dalla lista dei firmatari al Documento dei Lavoratori dell'Arte.
Di seguito i contributi di: Francesco Bertelé, Emanuele Braga, Francesca Chiacchio, Cecilia Guida, Matteo Lucchetti, Ferdinando Mazzitelli, Giancarlo Norese.

1.
Quali sono stati i motivi che, secondo te, hanno portato alla nascita dei Lavoratori dell'Arte?

2.
Qual è stato, per te, il momento più significativo?

3.
Per quali ragioni, secondo te, si è conclusa quella esperienza?

4.
Possiedi un'immagine legata ai Lavoratori dell'Arte che vuoi condividere?

Francesco Bertelé[3]

[1] Conversazione avvenuta via email in data 4/02/2020.

1.

In quel periodo vivevo a Milano già da qualche anno. Sono stato il fondatore di Carrozzeria Margot, che aveva sede nella mia casa-studio in via Padova al 29.
Come altre realtà e singole persone eravamo molto attivi culturalmente cercando oltretutto, come pratica radicale, di inserirci nel tessuto cittadino e di quartiere. Quando ci siamo resi conto che la nostra attività, anche se parte di un network non strutturato, aveva una ricaduta positiva sullo strato quotidiano della città e nonostante ciò fosse invisibile alla sua fascia 'istituzionale' (e quindi esclusa) abbiamo voluto dare una parola, far sentire una voce corale con la finalità di instaurare un dialogo costruttivo.

2.

Penso proprio quel momento della stesura del primo documento. Era il momento, un'estate di fine luglio 2011. Ma anche il momento in cui andai ad un incontro successivo all'Arci Bellezza dove mi resi conto che 'lavoratori dell'arte' non era più quello che pensavo, ovvero solo un nome per qualificare la mia attività, era diventato un'etichetta: quel momento si era trasformato in altro, in una modalità che non mi apparteneva più e così me ne allontanai. Da lì a poco se non sbaglio ci fu l'azione di occupazione del PAC e poi tutto il percorso che portò alla nascita di MACAO.

3.

Posso riportare le mie ragioni che sono strettamente collegate a quanto detto sopra: la deriva verso il 'collettivo' con rappresentanti forti che al nome di 'compagni' battevano le decisioni all'asta di una moltitudine, mi aveva fatto brutalmente smarrire quei valori che ci avevano fatto inizialmente avvicinare: ovvero il confronto e il dialogo allargato a tutte le individualità attive in città che non volevano andare allo 'scontro' con l'istituzione ma che rivendicavano il riconoscimento di un proprio ruolo volontario e attivo nella città culturale.
O forse mi ero perso io qualcosa.

4.
Due immagini:
– la prima di quel piccolo gruppo che nonostante i caldo e lo svuotamento di fine luglio si è trovato a scrivere nell'ufficio di UnDo il primo documento;
– la seconda, l'ultima assemblea all'Arci Bellezza a cui ho partecipato ma da cui me ne andai prima che decisero di occupare il PAC... o è solo una reminiscenza onirica di Zabriskie Point?!?

Emanuele Braga[1]

[1] Conversazione avvenuta via email in data 20/01/2020.

1.
Lavoratori dell'arte è una piattaforma assembleare che abbiamo creato nel 2011 a Milano fra artisti curatori lavoratori culturali che poi si è allargata nell'autunno del 2011 anche a sindacati di base, movimenti e studenti universitari. L'assemblea si trovava ogni settimana in spazi diversi della città.
Le discussioni riguardavano il precariato in ambito culturale, dovuto principalmente a due ragioni: il taglio dei fondi pubblici alla cultura, e lo sfruttamento dei lavoratori nelle industrie creative, che producevano molte aspettativa ma distribuivano poco reddito. Molti dei partecipanti avevano un alto grado di formazione (università/master/dottorandi) ma costretti a lavorare gratuitamente in cambio di promesse di visibilità e socialità.
Da queste assemblee sono nate due esigenze: creare conflitto e azione diretta per riappropriarci di ciò che è nostro (anche uno degli slogan in azioni che ci sono state), capire come la lotta potesse essere un ambito di produzione artistica, capire come l'arte potesse ripensare il mondo o la società, nei vari suoi aspetti (lavoro, gentrification, ambiente, finanza, tecnologie...).
La prima azione che scaturì da Lavoratori dell'arte fu l'occupazione del PAC di Milano, la seconda azione di Lavoratori dell'Arte fu la creazione di MACAO.

2.
Il momento più significativo? Quello inaugurale. Dove io e Maddalena Fragnito convocammo una assemblea all'interno delle galleria Artra di Milano in una nostra personale, dal titolo "L'arte è un Lavoro" invitando la composizione su base nazionale che diede il via a Lavoratori dell'Arte.

3.
Principalmente perché il collettivo ha deciso di trasformare quel progetto in MACAO.
Diciamo che Lavoratori dell'Arte è esploso, ingrandito, trasformato, gemmato, in ciò che aveva creato nel come su opera più compiuta: MACAO.

Vista in retrospettiva credo che Lavoratori dell'arte fosse un collettivo con una sua originalità e eccezionalità non del tutto riassorbibile dal progetto di Macao.
Ma vista dall'interno del processo questo è avvenuto: la percezione era che Macao contenesse e espandesse il progetto di LdA.

4.
Tante... anche se come per Macao nessuno di noi ha fatto fino ad ora un'opera di sistematizzazione dell'archivio.

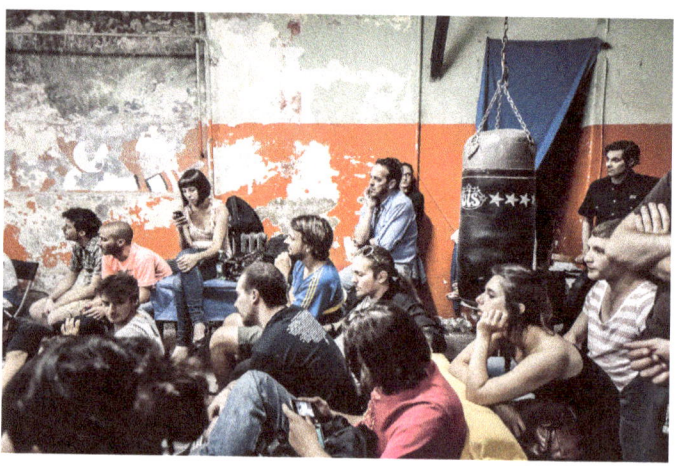

Francesca Chiacchio[5]

[5] Conversazione avvenuta via email in data 30/03/2020.

Ciao Paola,

Come stai?
proprio l'altro giorno mi sono ricordata di non averti mai risposto! scusa!
Quindi ho riaperto le tue domande, riacceso la memoria, riguardato le email di quegli anni e ho cercato di rispondere alle tue questioni.
Mi sono accorta di non avere tante risposte.

Ho come l'impressione che le domande che ci ponevamo in quel periodo lontano siano scivolate via. In quel momento mi preparavo a lasciare l'Italia verso una nuova avventura e soprattutto verso un nuovo sistema amministrativo, dove il sussidio d'artista esiste da anni.
Ho partecipato alla stesura del manifesto ma sicuramente io non ero una della promotrici più attive. Ero piuttosto un'ascoltatrice. Le riunioni avvenivano tra la redazione di UnDo e il salotto di Aria Spinelli. Io mi ponevo come curatrice in erba e studentessa in storia dell'arte. Cercavamo di immaginarci un sindacato (?) un modo per farci sentire e per essere tutelati. Ognuno aveva la sua ragione, c'è chi aveva studiato con Scotini e masticava di politica in termini concettuali, c'è chi era attivista, c'è chi aveva una pratica artistica nella quale questi soggetti ne erano i protagonisti, c'è chi era teorico e chi aveva una piattaforma pronta a diffondere articoli che uscissero dalla dinamica pubblicitaria di Flash Art o Artribune. Io ero alla ricerca di collettività e mi sembrava di poter far politica su un argomento che mi stava a cuore e sul quale stavo costruendo il mio futuro.
Il mio desiderio personale era di partecipare alla manifestazione del 1º maggio con un carro dedicato ai diritti degli artisti e di chi lavora per l'arte, i cosiddetti lavoratori dell'arte. Dopo incontri, dibattiti, il manifesto era stato scritto, diffuso e presentato al PAC. Ma io ero già partita, purtroppo mi sono persa la messa in atto.
Poi una parte dei lavoratori dell'arte sono piano
piano confluiti nell'organico di Macao. Ricordo che quell'occupazione spettacolare e spettacolarizzata l'ho

guardata a distanza, via web (un po' come facciamo oggi durante questo confino).
Ci sono state delle tensioni, un po' le solite. C'è chi si è appropriato di un nome o di un'intenzione e questo ne ha provocato la fine. I più dinamici, i più attivisti, gli artisti alla fine, quelli che hanno avuto bisogno di agire e di smettere di concettualizzare, hanno evocato dei principi dei lavoratori senza chiedere il permesso o l'approvazione dei primi (o di tutti) i firmatari. Credo che questa sia stata una delle ragioni che ne ha determinato la fine. Ma, ripeto, ero già lontana, come lontani erano quegli anni. Forse in realtà la fine è arrivata perché c'era chi voleva agire, essere pragmatico e chi voleva continuare a concettualizzare. Chissà qual è la risposta?

Il momento più significativo?
Vedere accendere i piani della Torre Galfa come dei fuochi d'artificio... anche se 'ufficialmente' quell'occupazione non è stata rivendicata dai Lavoratori, secondo me, in qualche modo, i Lavoratori l'hanno istigata :)

Scusami se non ho seguito la tua struttura! Ma non sarei riuscita a ricordarmi di quei momenti.
Non so se ti sono stata utile ma se ti servono i contatti di altri come di Aria Spinelli, o di Maddalena Fragnito etc, dimmelo. Loro erano molto più implicate di quanto lo sia stata io :)

Spero che la tua famiglia stia bene e che tu stia realizzando quello che desideri nonostante questo momento strano.

un abbraccio
a presto

Fra

Cecilia Guida[6]

[6] Riassunto di una conversazione telefonica avvenuta in data 2/04/2020.

1.
Tutto comincia in seguito alla lettera di accusa sulle nomine al Castello di Rivoli, a fine 2009, provocata dalla procedura di selezione dei direttori (Beatrice Merz e Andrea Bellini) seguita da Giovanni Minoli e svolta come il solito "pasticcio all'italiana".
Prima invitarono Jens Hoffmann, poi Minoli lo accusò, così Hoffmann si ritirò. Minoli non aveva il punto di vista di qualcuno dentro al sistema dell'arte: era stato fatto un bando su invito, poi non aveva funzionato e così avevano ripiegato su Merz e Bellini.
Una cosa curiosa era che Beatrice Merz compariva tra i membri della commissione, quindi era come se si trattasse, di fatto, di un'"auto-nomina": un pasticcio, insomma.

Ciò si aggiungeva ai dubbi e alle incertezze sul sistema dell'arte italiana, a cui questa nomina stava come un fiore all'occhiello, e ci si trovava a pensare: "Se a Rivoli fanno questi pasticci, figuriamoci altrove!". A tal proposito, Matteo Lucchetti aprì la pagina Facebook "Sdegno sulle nomine al Castello di Rivoli", poiché Jens era stato anche un suo docente, e alla vicenda seguirono alcuni articoli sulla stampa di settore.

Scrissi la lettera pubblicata su UnDo.Net, a cui fece seguito la raccolta firme per questi motivi.
La lettera al Presidente fu un mezzo per creare un'opinione pubblica e far emergere la gravità dell'evento. Tutto ciò avvenne durante il periodo natalizio, che fu molto concitato. Fu l'espressione di un'indignazione per l'ingerenza della politica nella cultura. La lettera ricevette una grande risposta, tra le 300 e le 350 firme: ci furono persone che firmarono, poi si tolsero, poi scrissero... indecise sulla posizione da prendere.
Flash Art e Politi la rilanciarono sul sito: questa raccolta firme viene accolta con sorpresa, e vi si generò attorno un movimento, risultato capace di sollevare un discorso critico sui contenuti che presentava relative alla procedura per la nomina.

In seguito Aria Spinelli rilanciò a sua volta la lettera con un scrivendo un testo, Anna Stuart Tovini e Vincenzo Chiarandà chiesero di portare avanti la questione anche sulla loro piattaforma UnDo.Net e proposero di incontrarsi per parlare di quanto stava accadendo.
Io in quel periodo trascorsi tre mesi a New York e successivamente quattro mesi ad Amsterdam per il dottorato: tutto procedeva in forma di "rubrica" su UnDo.Net. Si arrivò così all'autunno e a quel punto c'era davvero l'esigenza di vedersi per parlare e si decise di fare un gruppo chiamato DRR (un acronimo scelto da Aria) e durante quegli incontri, molto discorsivi, a casa di Aria, si aggiunse Maddalena Fragnito con altri artisti (Vladivostok, un gruppo di artisti che, con la giurista Alessandra Donati, lavoravano ai contratti degli artisti e ai loro diritti di cui faceva parte anche Alessandro Nassiri), Francesco Bertelé, Emanuele Braga: con loro il gruppo si allargò e diventò i Lavoratori dell'Arte.

Gli incontri, che si svolgevano regolarmente almeno una volta a settimana, avvenivano a Medionauta (un centro, in cui si tenevano anche workshop, che si trovava all'Isola), e così si estese anche a Isola Art Center (con Angelo Castucci e Daria Carmi) e qualcuno informò Bert Theis di quanto stava accadendo.
In quel momento si aggiunsero anche Elvira Vannini, Caterina Iaquinta, Marcella Anglani, Francesca Guerisoli...
Il gruppo diventava sempre più ampio, così come i temi trattati: il bene comune, i linguaggi, gli spazi occupati (ad esempio, la questione del Teatro Valle Occupato).
L'idea che teneva tutto insieme era quella di apertura- per conoscersi tra persone all'interno del mondo dell'arte- e di attivismo. C'era una volontà di conoscersi e confrontarsi, in un'ottica relazionale... Volevamo "fare gruppo".

Dopo Medionauta gli incontri si spostarono all'Arci Bellezza, nella palestra in cui fu ambientato *Rocco e i suoi fratelli* di Luchino Visconti, e di pari passo i temi si allargarono ancora di più, sino ad abbracciare la città e la gentrificazione (e il rapporto tra istituzioni, arte e politica).

2.
Quando abbiamo occupato il PAC.
Nel 2010, nel passaggio tra DRR e I Lavoratori dell'Arte, quest'azione sancisce la nascita dei Lavoratori. C'è un'immagine di Antonio Caronia che tiene tra le mani uno striscione insieme a una studentessa, con la scritta "Dai, dai, dai! Occupiamoci di ciò che è nostro".
I Lavoratori dell'Arte organizzano l'occupazione della Torre Galfa utilizzando una frase di Bert Theis "Si potrebbe anche pensare di volare": l'idea dell'occupazione era molto sostenuta da Bert, e l'intento era di omaggiarlo. Era un simbolo della lotta contro la gentrificazione, l'obiettivo principale di Isola Art Center, che poi ha creato ciò che è stata definita "fight-specific art" da un'idea di Bert.

Comunque, tornando al PAC, si decide di occupare durante la mostra *Pixar. 25 anni di animazione*, con la frase "Occupiamo, anche oggi, per occuparci di ciò che è nostro".
Si trattava di un'occupazione di un giorno per sensibilizzare l'opinione pubblica sul fatto che l'arte è un bene comune, e per sganciare i lavoratori dell'arte dalla condizione di precariato in cui versano.
Il PAC è un museo civico e comunale, nel 1992 c'era stata una bomba, gli UnDo avevano fatto un lavoro, era un luogo simbolico per la città...
Il 3 dicembre 2011, come in un'agorà si spiegano le ragioni dell'incursione e viene fatta un'Assemblea sull'Arte come bene comune.

Arriva Boeri, assessore alla cultura, e Daria e Emanuele spiegano pubblicamente le motivazioni del gruppo.
Dopo averli ascoltati Boeri decide di lasciare la mostra aperta: i Lavoratori chiedono di sospendere i biglietti, invece Boeri decide di metterli gratuiti. Il pubblico entra e li ascolta.
Alcuni visitatori protestano e rivendicano il prezzo del biglietto che avevano pagato precedentemente.
Il comunicato dell'occupazione era stato pubblicato con l'aiuto del Teatro Valle Occupato, che aveva aiutato a organizzarla "per resistere alla sottrazione di spazi e

finanziamenti" e per compiere una "trasformazione radicale dal basso".
L'idea era di arrivare ad una coscienza degli spazi comuni e al fatto che ogni cittadino può sentirsi coinvolto in un processo di elevazione culturale.

Si voleva fare un'incursione anche in un altro museo civico, poi invece si optò per un'occupazione più forte e simbolica, usando la collaborazione del Teatro Valle Occupato, e fu quella della Torre Galfa, che durò una decina di giorni e per la quale anche Dario Fo si espresse a favore.
I Lavoratori dell'Arte si trasformano in MACAO, che si sposta negli spazi degli ex-macelli, un luogo in cui si poteva stare. Lo spazio in questo caso viene concesso dalla politica e ne viene pertanto riconosciuta l'esistenza. Si voleva uno spazio dove fare cultura con logiche dal basso, per un bene comune.

3.
Tecnicamente l'esperienza non si conclude, confluisce in MACAO: ciò che cambia è il gruppo.
È stata un'esperienza importante perché mi ha permesso di conoscere persone con interessi e modi di vedere vicini ai miei: un punto di vista relazionale, discorsivo, persone con le quali ho condiviso un percorso di crescita attraverso gli incontri settimanali.
Io sono più legata allo studio e alla critica, non ero interessata a occupare, ma piuttosto a ragionare insieme sul significato delle parole comuni, sui fenomeni.

Quando sono entrati gli artisti e gli occupanti del Teatro Valle qualcosa è cambiato, loro volevano esibirsi e "manifestarsi". Al contempo erano emerse anche visioni differenti, ad un certo punto sembrava si perdesse la trasparenza e la coerenza vera: a volte accade che ci sono figure che si impongono, magari già sostenute da un sottogruppo, e l'esperienza diventa sempre meno interessante.

Alcuni artisti come Daria Carmi, Emanuele Braga, Maddalena Fragnito e Andrea Masu volevano occupare, ed è stata interessante la dimensione artistica in cui lo hanno fatto, l'aspetto anche teatrale dell'azione e l'omaggio a Bert Theis. Io ho deciso però di uscire, come anche Aria Spinelli e Matteo Lucchetti, in quanto non mi trovavo d'accordo con queste più recenti tendenze: l'occupazione non era un'azione condivisa da tutto il gruppo e così le strade si sono divise.

Pur accomunati da un sentimento di vicinanza, dalle medesime motivazioni ad agire, dal condividere una situazione di precariato e dall'interesse verso il mondo dell'arte, alla fine sono emerse le differenze all'interno del gruppo, forse perché le sfumature vengono colte da ognuno in maniera diversa.

Nel complesso resta però un'esperienza preziosa, che ha portato alcuni dei partecipanti a lavorare poi con cura e responsabilità: ciò che si è fatto a Milano in quei giorni è stato creare un gruppo per riunirsi, parlare e progettare.

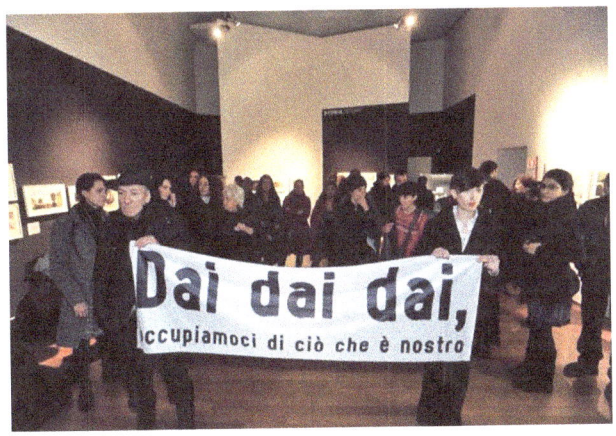

Matteo Lucchetti[7]

[7] Riassunto di una conversazione telefonica avvenuta in data 30/03/2020.

Riguardo all'esperienza dei Lavoratori dell'Arte, rileggendone il manifesto, ritengo che sia ancora abbastanza attuale, frutto di una consapevolezza collettivizzata che ha orientato le scelte successive, anche lavorative, di molti tra quelli che ne avevano fatto parte.
È interessante infatti interpretare a posteriori l'impatto che certe idee portate avanti dai Lavoratori dell'Arte abbiano avuto sul sistema, e ritrovarle come istanze trasformate.

Tutto inizia nel 2008 con incontri informali a casa di Aria Spinelli con Cecilia Guida, Maddalena Fragnito, Emanuele Braga: sentivamo di essere persone dai diversi profili, provenienti da contesti svantaggiati, non inseriti nel sistema di baronie dell'arte e nemmeno "figli di", messe di fronte all'inaccessibilità di un sistema, e all'impossibilità di poter fare di una passione un lavoro che ci potesse mantenere.
Si arriva così alla lettera al Presidente, scritta per denunciare il clientelismo e la mancanza di trasparenza nelle nomine e cariche del sistema – si tratta degli anni di Berlusconi e Bondi, del Padiglione Italia curato da Sgarbi – e il gruppo si costituisce come una voce che non sarebbe mai arrivata da persone affermate: si denunciava Sgarbi, ma anche le nomine di Beatrice Merz e Andrea Bellini al Castello di Rivoli. Le premesse da cui siamo partiti sono la condivisione di una condizione lavorativa precaria e di un comune sentire, l'affermazione della non-autorialità del gruppo e la volontà di stabilire la meritocrazia come criterio regolatore del sistema dell'arte.

1.
Quando arriva il primo appello al Presidente, la situazione è matura. Non vedevamo futuro, ognuno di noi aveva faceva diversi lavori per mantenersi, in un clima di estrema precarizzazione all'interno di una sistema che premiava i "figli di". Dopo aver studiato a Firenze, stavo frequentando il Master presso la NABA, trovandomi così in una Milano refrattaria a dare sostegno alla classe creativa e precaria: Letizia Moratti era sindaco della città, erano gli anni di Isola Art Center di Bert Theis e Pisapia sarebbe arrivato di lì a poco.

L'idea era quindi quella di una lotta di classe e di una presa di coscienza della situazione milanese, anche in rapporto all'estero (ad esempio, nel 2009 io andai in Olanda con un Erasmus Placement, e feci il tirocinio presso un'istituzione in grado di pagarmi la casa e offrirmi un fee) e nasceva da un bisogno di condivisione di ansie, paure e dubbi.
Era davvero fondamentale il concetto di "presa di coscienza", che ha avuto ripercussioni sul Forum dell'Arte Contemporanea, ed è stato importante avere chiesto fondi e sostegni dal Governo per le istituzioni che si occupano di arte e borse per gli artisti: all'epoca il massimo che veniva offerto ai giovani erano il GAI e Movin'Up, non c'era nient'altro. Facendo un confronto con quegli anni, oggi la situazione italiana sembra decisamente più trasparente, con più opportunità per gli artisti, sebbene sempre precaria e classista.

2.

Il fermento dei primissimi incontri, l'attenzione verso quanto stava succedendo in Italia… diventavano tutte occasioni per catalizzare le energie.
Anche se mi trovavo in Olanda al momento delle nomine al Castello di Rivoli, seguivo molto attivamente quanto stava accadendo in Italia: infatti ricordo ancora "il giro di telefonate" e lo sdegno al sentire le nomine e la decisione di scrivere la lettera insieme. In seguito si costituì DRR, ed ebbero luogo incontri importanti come L'altra parte del giorno e la tavola rotonda L'arte è un lavoro.

3.

Si è conclusa perché, come in tutti i movimenti emancipatori e progressisti, "c'è sempre uno più a sinistra".

Il gruppo si divide in due parti, una più moderata, che cerca un dialogo con le istituzioni, rifiutando di considerarle come "bolle" immutabili, a cui pongono delle richieste ben precise, e un'altra che, invece, aveva una posizione legata al movimento antagonista, e desiderava un'apertura verso forme diverse di attività culturali, come i centri sociali che

erano stati chiusi da Letizia Moratti (La Pergola, Isola, Nuova Idea…) e si avvicinava a quella che sarebbe stata la nascita di Macao con l'occupazione della Torre Galfa: in pratica, c'era chi voleva riportare la situazione a chi di dovere o chi voleva "puntare i piedi" e protestare.
Nell'aprile 2009 avevo organizzato, insieme ad Andris Brinkmanis ed Elvira Vannini e con la partecipazione, tra gli altri, di Marco Baravalle, un simposio della durata di due giorni dal titolo Everybody talks about the weather. We don't, con invito a giovani curatori internazionali, con la volontà di attivare un confronto, in Italia e all'estero, sulle problematiche espositive.

Il momento di rottura forse è l'elezione di Pisapia nel 2011. Un incontro a casa mia aveva reso evidente che una parte del gruppo era a favore di un dialogo con la giunta Pisapia, mentre un'altra aveva la necessità di un'azione simbolica nella città di Milano: si ha così una ricaduta su Isola Art Center, che era stato il minimo comune denominatore di tutti, il fattore che aveva fatto conoscere tutti.

Isola Art Center era il sogno di Bert Theis, che vedeva lo spazio urbano come un "dirty cube", e sottolineava quanto fosse necessario confrontarsi con le logiche neoliberali che Isola Art Center era riuscita a rendere visibili. Era un fattore d'ispirazione ad agire e muoverci collettivamente, a cui contribuiva ciascuno con la sua formazione, con un'attenzione anche verso l'arte pubblica (Group Material, gli Anni Settanta, le radio libere…): vi risuonava un'empatia che non si ritrovava nella realtà quotidiana fatta di opening, che ci faceva percepire la storia dell'arte come "lontana" rispetto a noi, giovani e precari.

Ferdinando Mazzitelli[8]

[8] Conversazione avvenuta via email in data 18/02/2020.

1.
– Siamo sempre più inclini a riconoscere mentre dimentichiamo la scoperta e la creazione, viviamo in spazi che potrebbero stare dappertutto e ci piacciono perché li riconosciamo, li nutriamo e li perpetriamo. La comunicazione bottom-up rende possibile la continua promessa top-down di offrire il medesimo, la conservazione, la consolazione. Molto prima di Augé e la sua teoria dei non luoghi, Foucault parla di contro-spazi, di utopie situate, di eterotopie, soprattutto parla di giustapposizione in un luogo reale di più spazi che normalmente dovrebbero essere incompatibili.

– Mancanza di politiche per strutturare welfare oltre all'impossibilità di immaginare progetti di vita credibili. Non esiste un ambito lavorativo con così tante negoziazioni al ribasso dei diritti come quello dell'arte. Si è portati a pensare che lavoratori dell'arte siano solo gli artisti, i curatori, giornalisti, direttori, insomma figure autorizzate a comparire, in realtà esistono tantissime altre posizioni lavorative che non vediamo come guarda sala, tecnici, impiegati, ricercatori, magazzinieri, commessi ecc.

– L'evidenza che nel mondo dell'arte oltre alla patina e alla superficie dorata delle inaugurazioni, delle feste e dell'apparente felicità delle relazioni, esistono situazioni reali dove le persone vengono sfruttate, manipolate e utilizzate economicamente.
Domanda: "Quanto sfruttamento pensi ci sia in un evento come in una fiera o in una biennale?"
Risposta: "Solo a livello di logistica, il lavoro che viene svolto in nero in un grande evento spesso supera il 70%."

2.
L'occupazione del PAC a Milano nel dicembre 2011.

3.
L'esperienza dei lavoratori si è chiusa nel momento in cui è nato Macao anche se alcuni continuano a ritenere illegittimo

il definirsi lavoratori dell'arte dopo l'occupazione del PAC; quella azione fece nascere un conflitto interno tra chi pensava di tenere tutto nell'alveo dell'arte contemporanea e quelli che rivendicavano uno spazio altro. Per i primi azioni e processi dovevano essere, in qualche maniera, "molto" disturbanti ma per creare "valore" da spendere nello stesso mondo che si criticava. Gli altri, pochi, hanno continuato a resistere, a fare rete con altri soggetti e comunità fino a sciogliersi dentro Macao:
– Circuito dei Teatri occupati (Roma, Venezia, Napoli, Palermo, Messina, Pisa ecc.);
– Isola Art Center, Piano terra e Medionauta a Milano;
– Rete degli spazi occupati milanesi.

4.
Aprile 2011, ultima azione dei lavoratori (pochi giorni prima dell'occupazione di Torre Galfa)

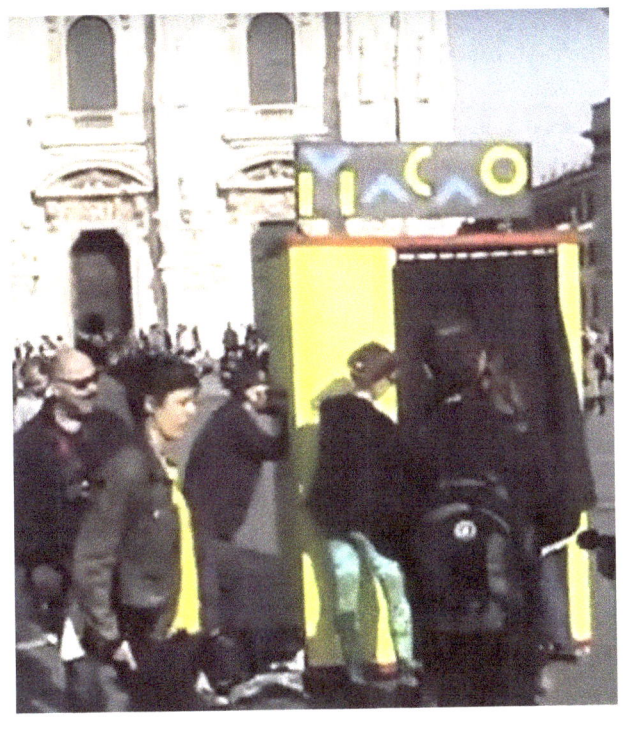

Giancarlo Norese[9]

[9] Conversazione avvenuta via mail, in data 30/03/2020.

1.

Kombirama[1] a Zurigo (1996) + I giochi del senso e/o del non senso (1996) + Interplace Access (10–19 dicembre 1996)[2] > Progetto Oreste (1997–2001)[3] > Come spiegare a mia madre che ciò che faccio serve a qualcosa? al Link di Bologna (31 ott./2 nov. 1997)[4] > Carta bianca per l'arte a venire (21 febbraio 1999)[5] > Lu cafausu (2006–)[6] > Il falso Oreste (10 giugno 2009)[7] > Appello al Presidente della Repubblica (3 ottobre 2009)[8] > I Lavoratori dell'arte (2011)[9]

2.

Quando gli artisti hanno cominciato a essere tanti e le domande hanno cominciato ad avere un'eco (pur sempre senza risposta).

3.

Si è trasformata in un'application online.

4.

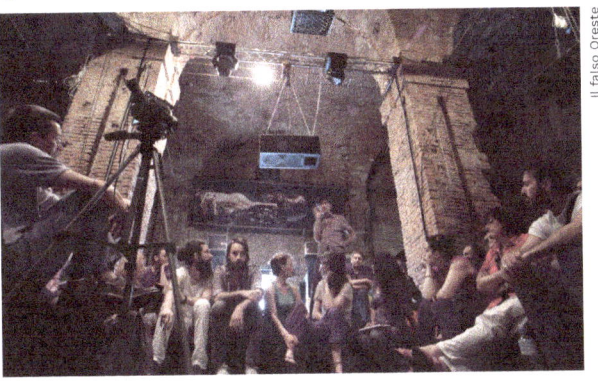

Il falso Oreste

[1] www.kombirama.ch
[2] www.viafarini.org/italiano/mostre/interpalce_access.html
[3] www.alfabeta2.it/2019/04/21/progetto-oreste-il-fantastico-nel-quotidiano
[4] www.trax.it/come_spiegare.htm
[5] 1995-2015.undo.net/Carta
[6] lucafausu.wordpress.com/index-beta
[7] noresize.wordpress.com/2009/06/01/il-falso-oreste
[8] 1995-2015.undo.net/it/argomenti/1254428367
[9] 1995-2015.undo.net/it/argomenti/1311340171

Materiali[10]

[10] I materiali fotografici presenti in questa sezione provengono dalla pagina Facebook "Lavoratori dell'arte" e i documenti testuali sono tratti dal sito UnDo.Net.

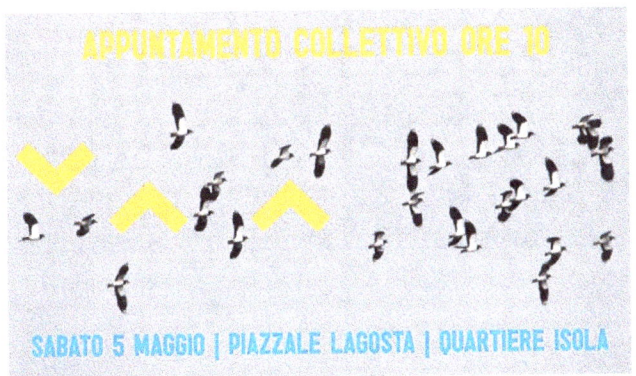

Lavoratori dell'arte
Community

Home **About** Photos Events Posts Com

🌐 http://www.lavoratoridellarte.undo.net/

ⓘ Per firmare il documento e ricevere informazioni, scrivere a lavoratoridellarte@gmail.com

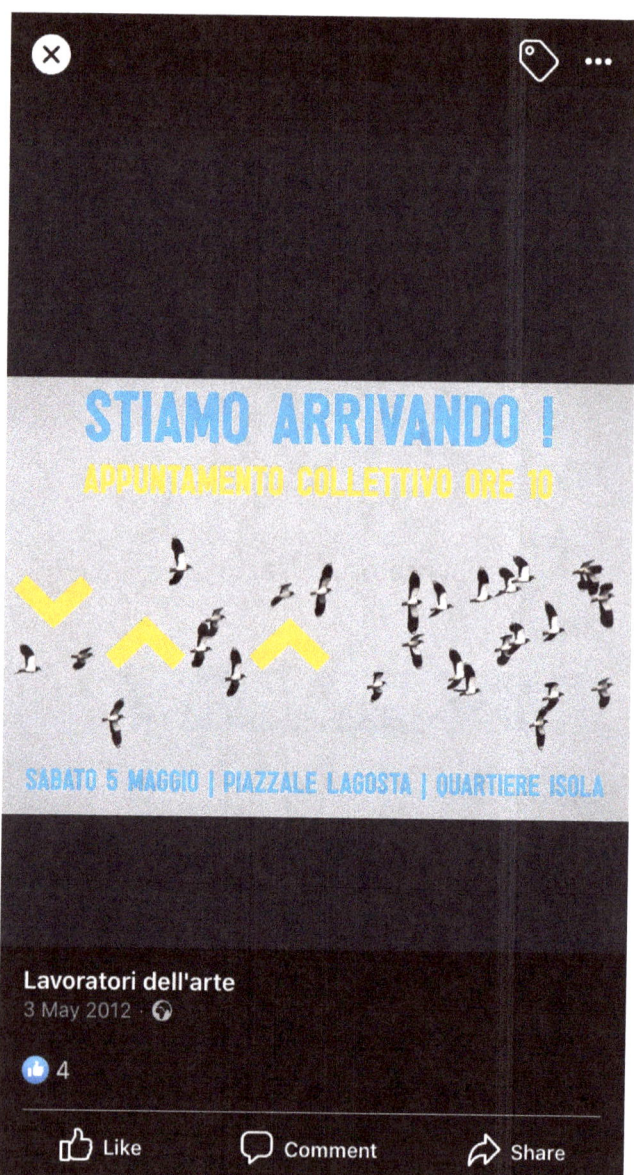

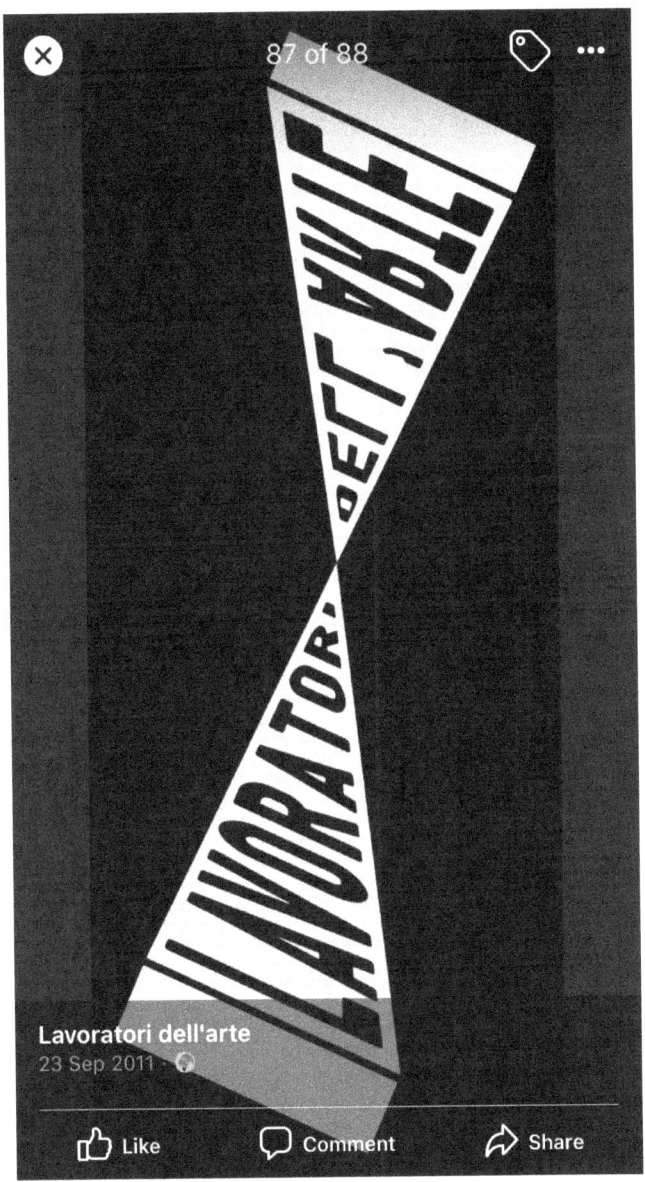

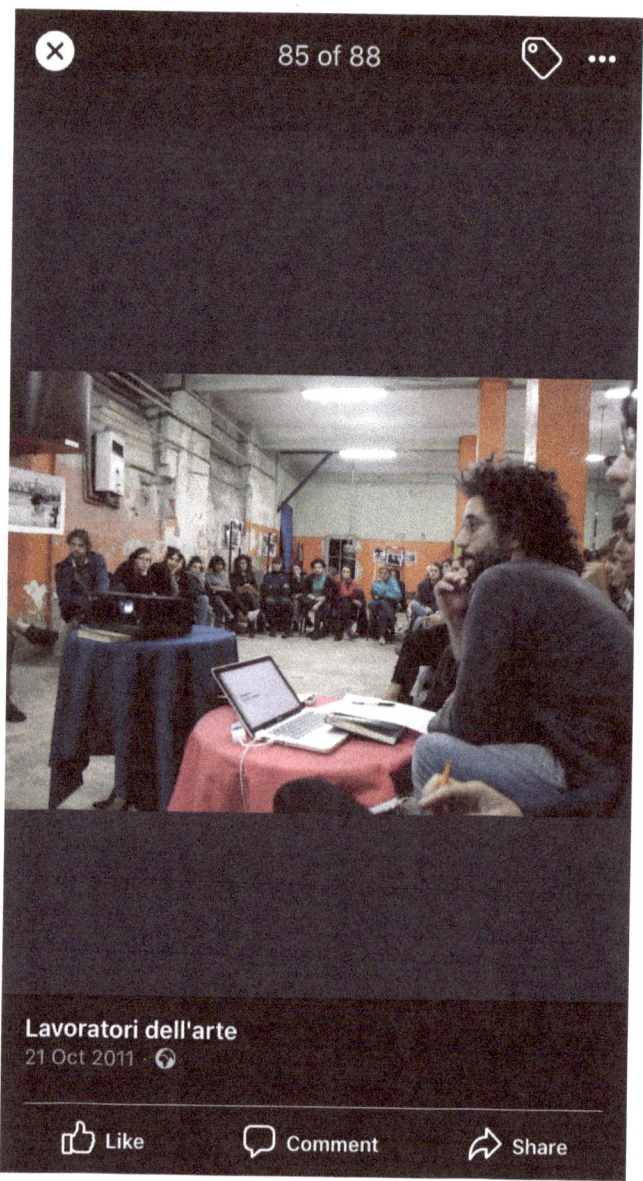

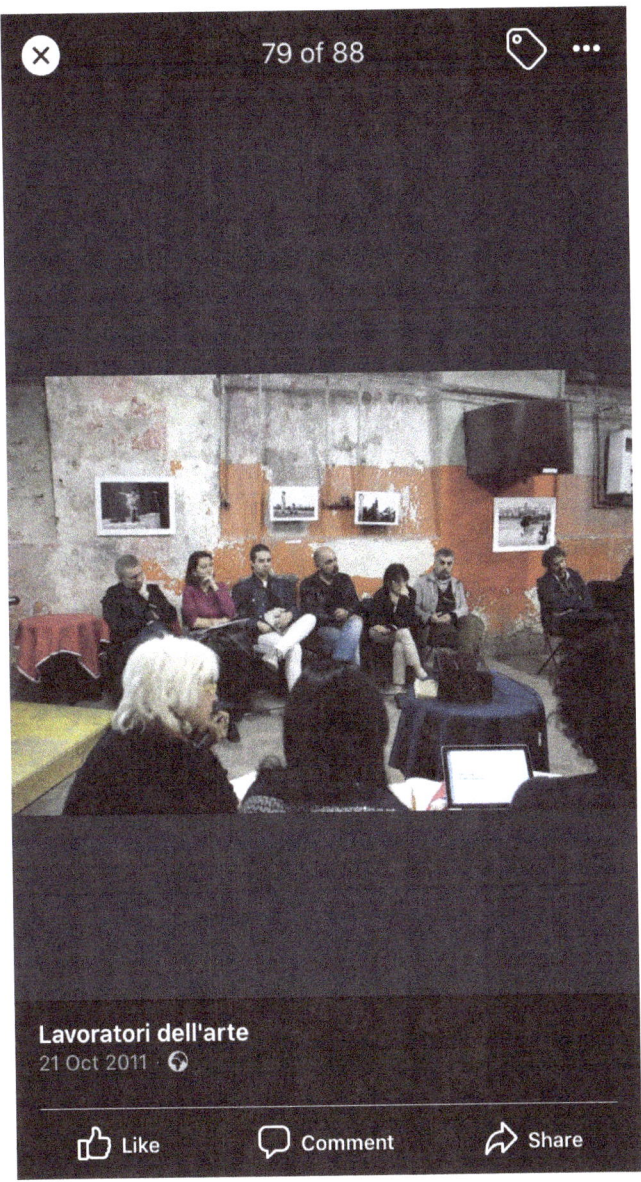

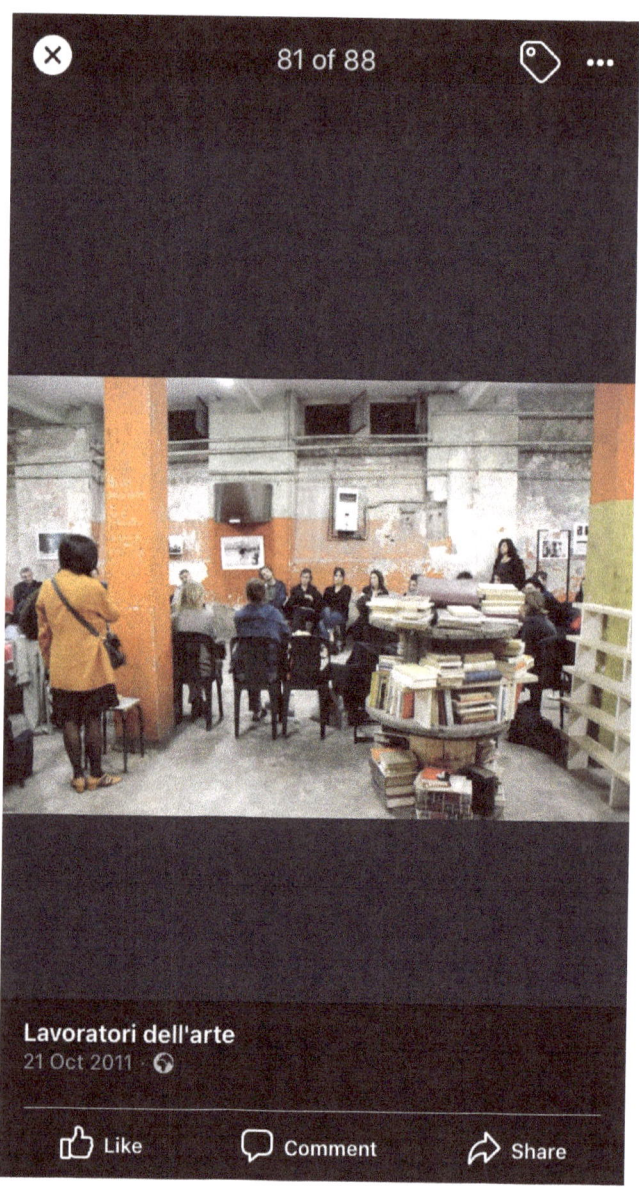

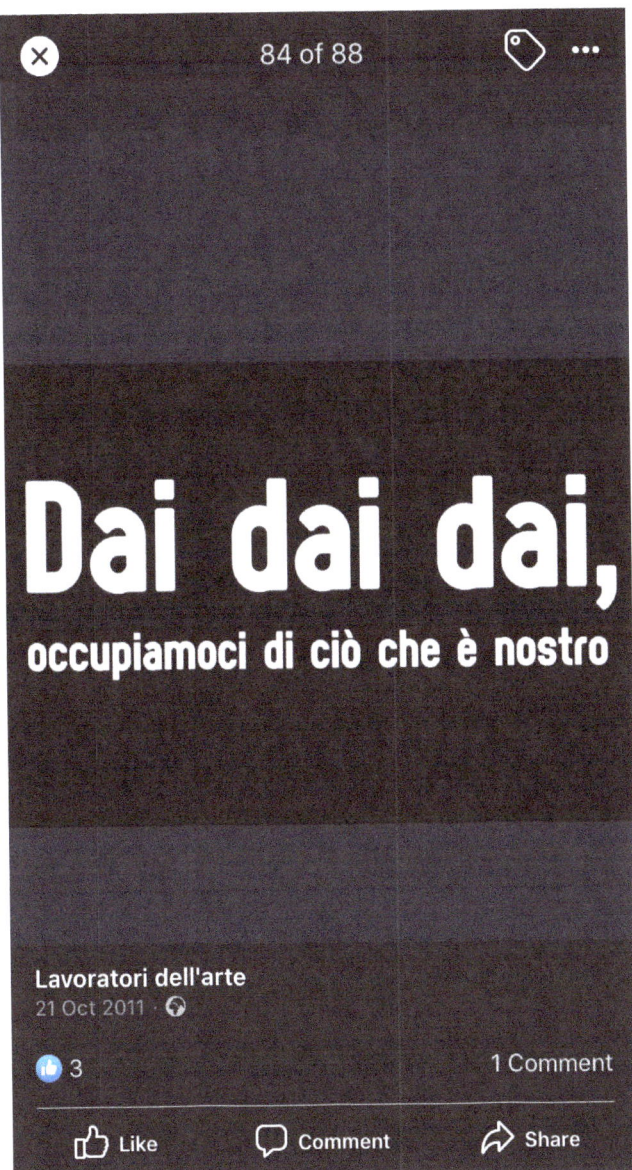

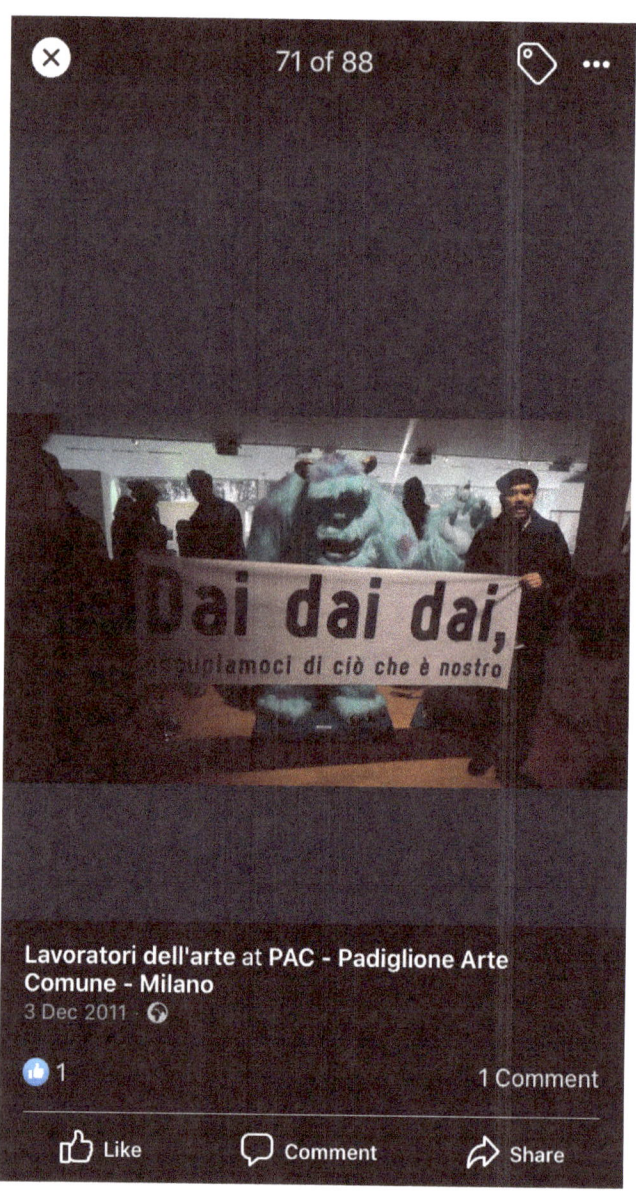

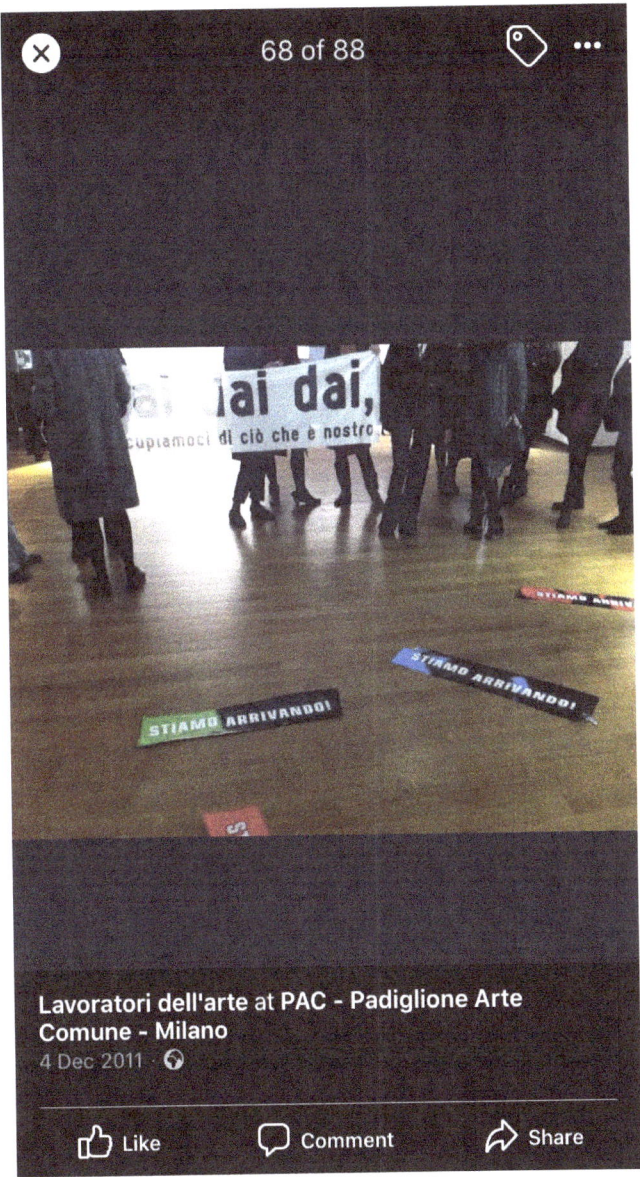

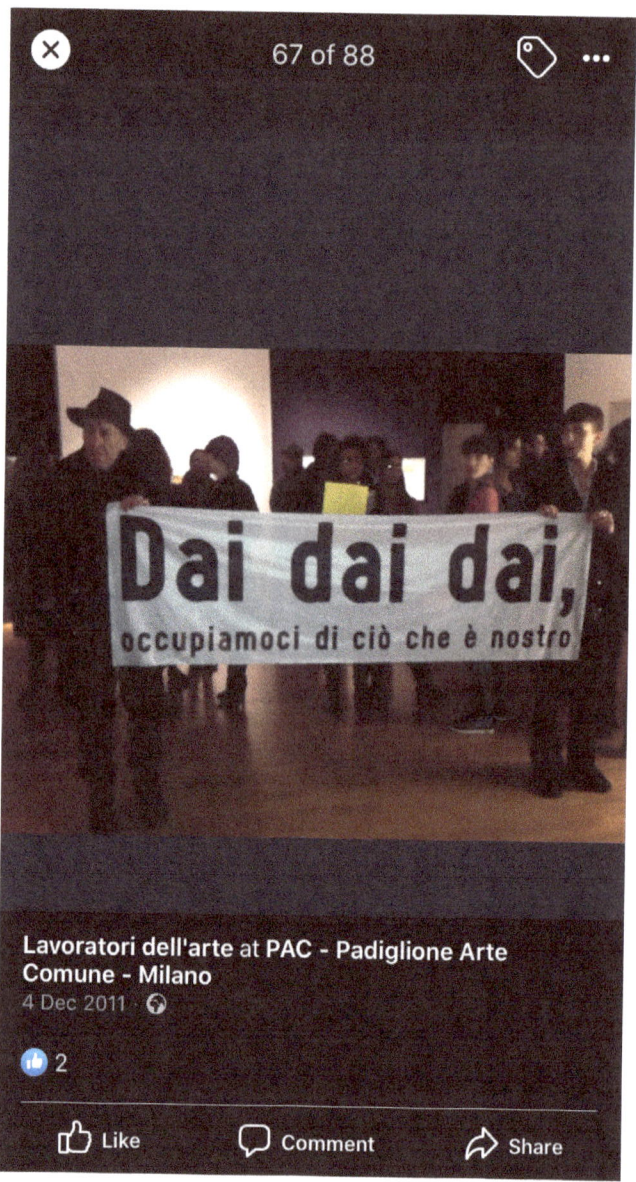

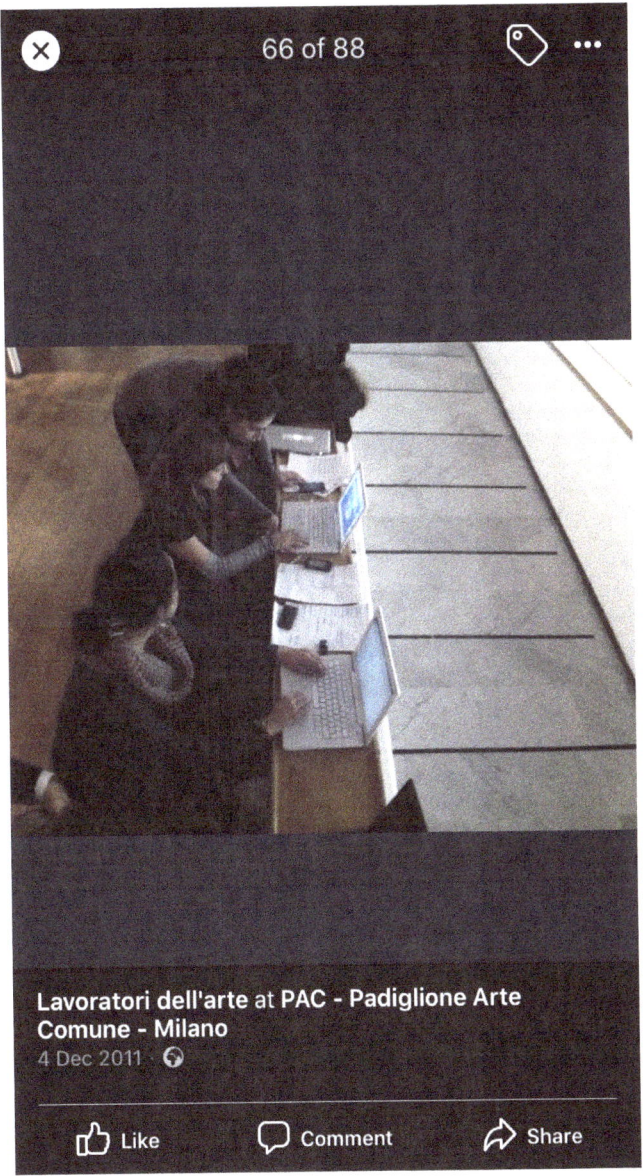

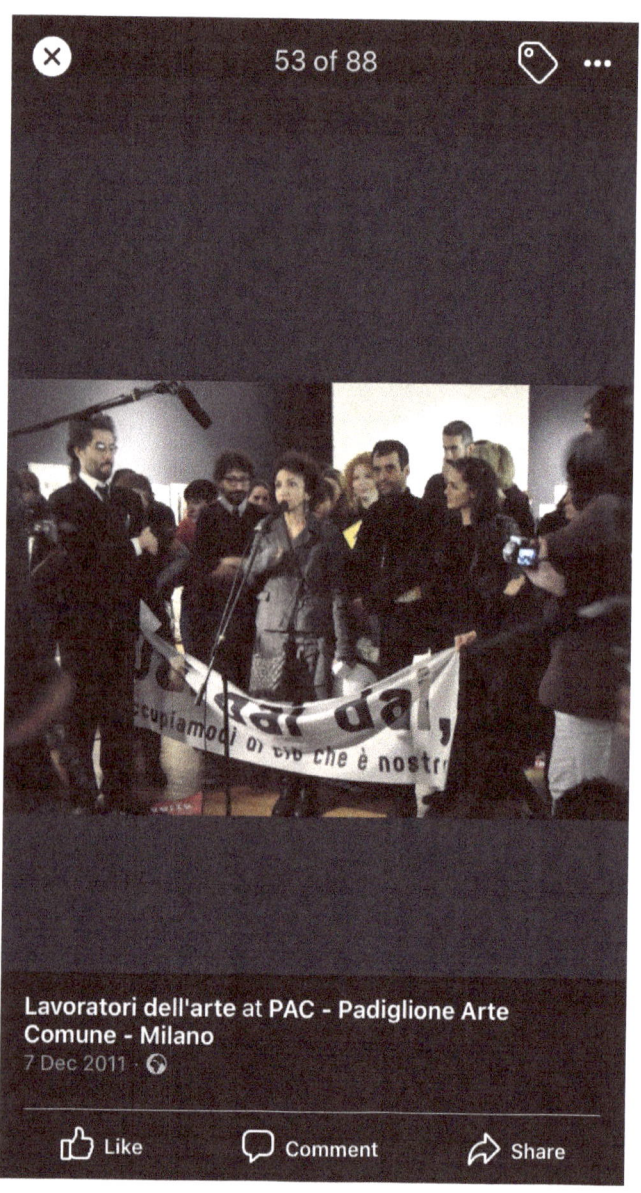

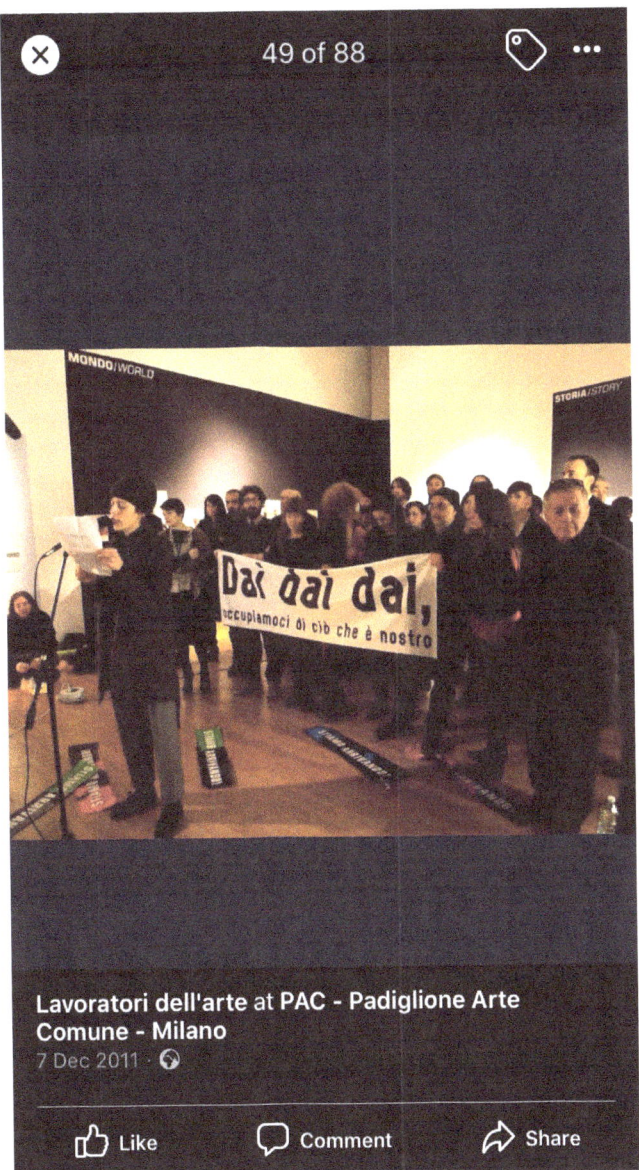

Lavoratori dell'arte at PAC - Padiglione Arte Comune - Milano
7 Dec 2011

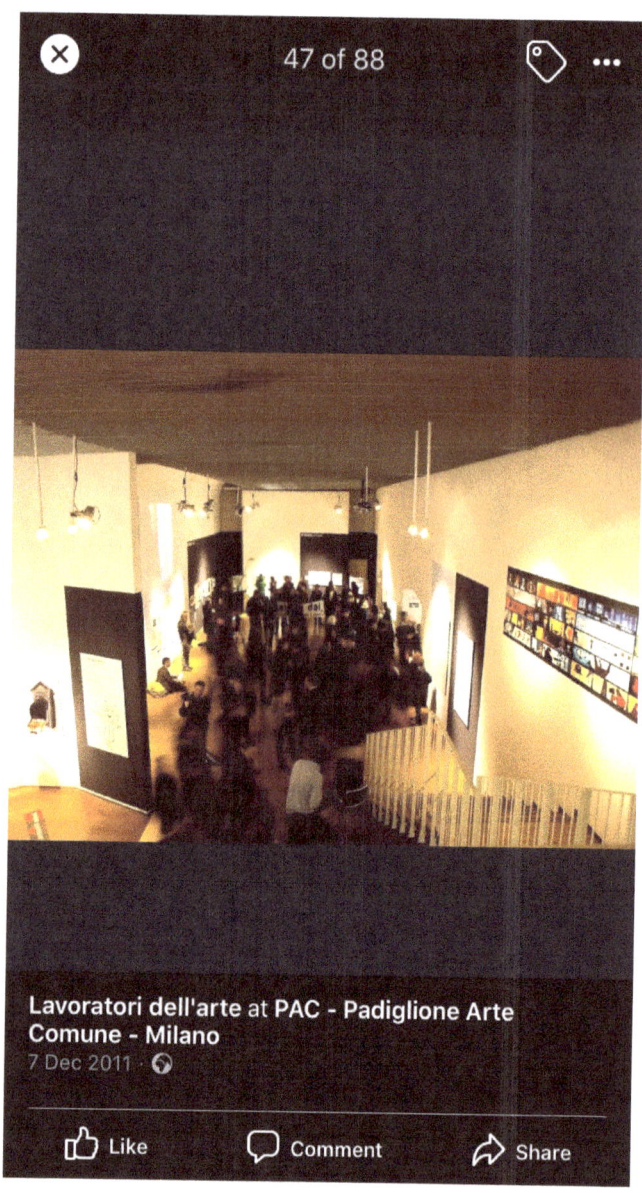

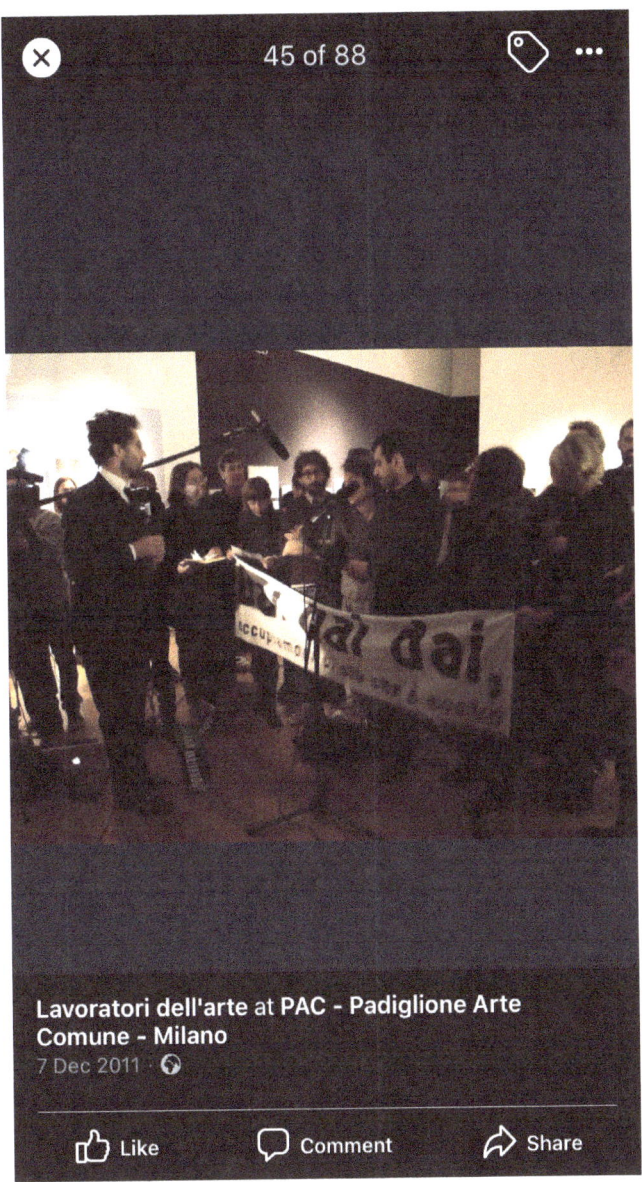

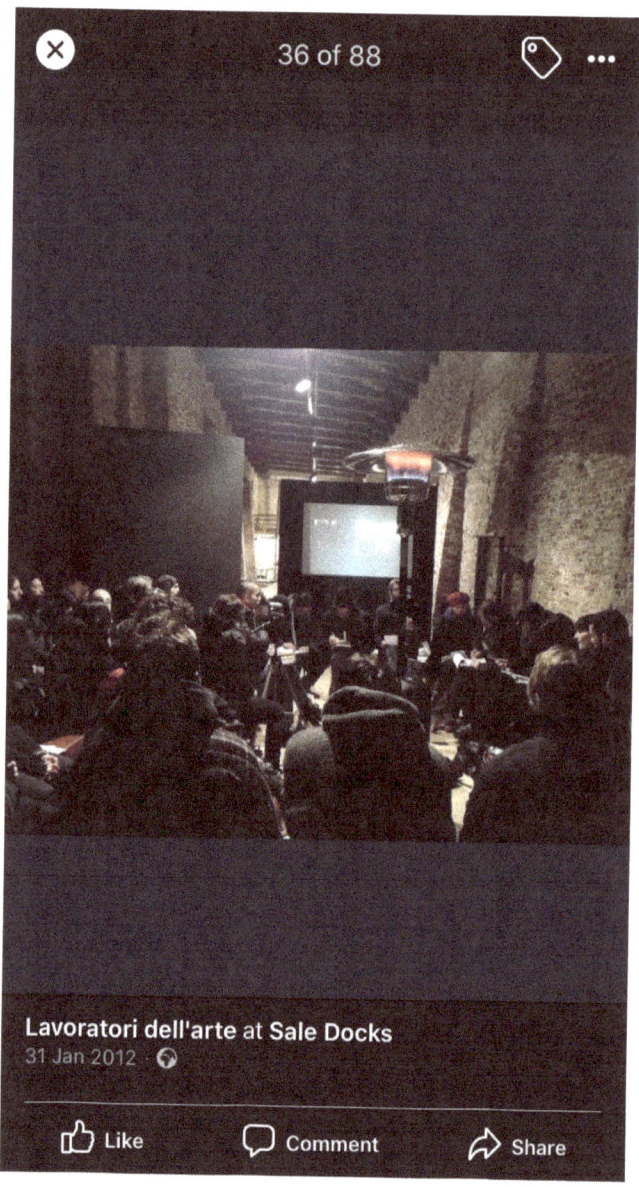

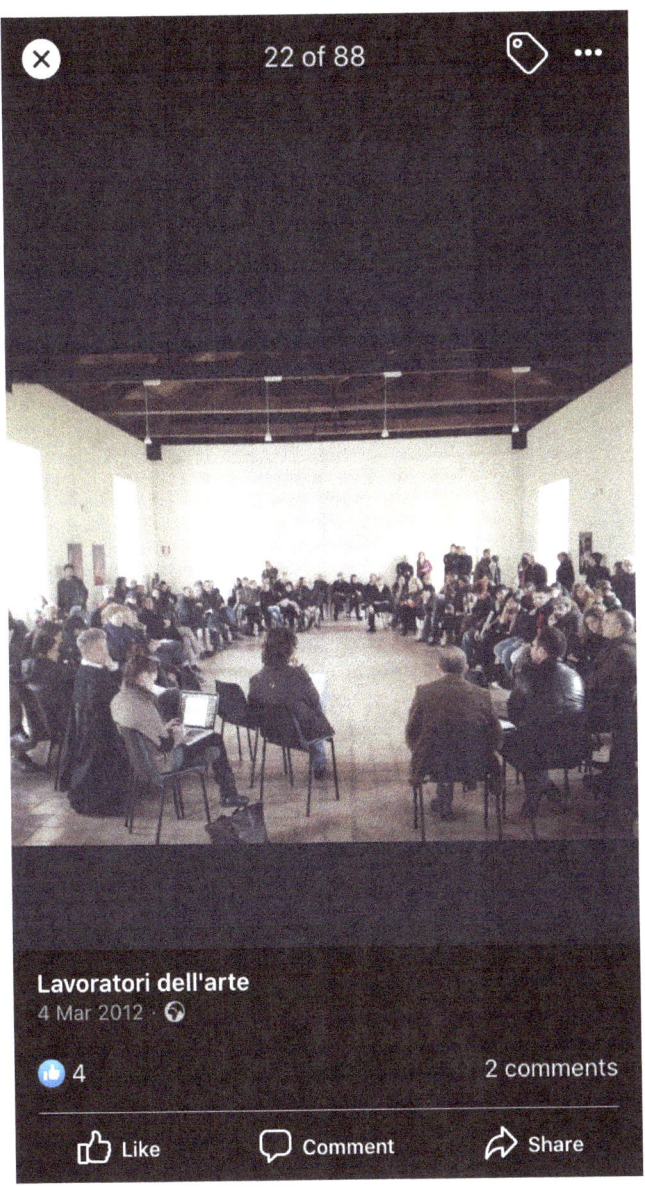

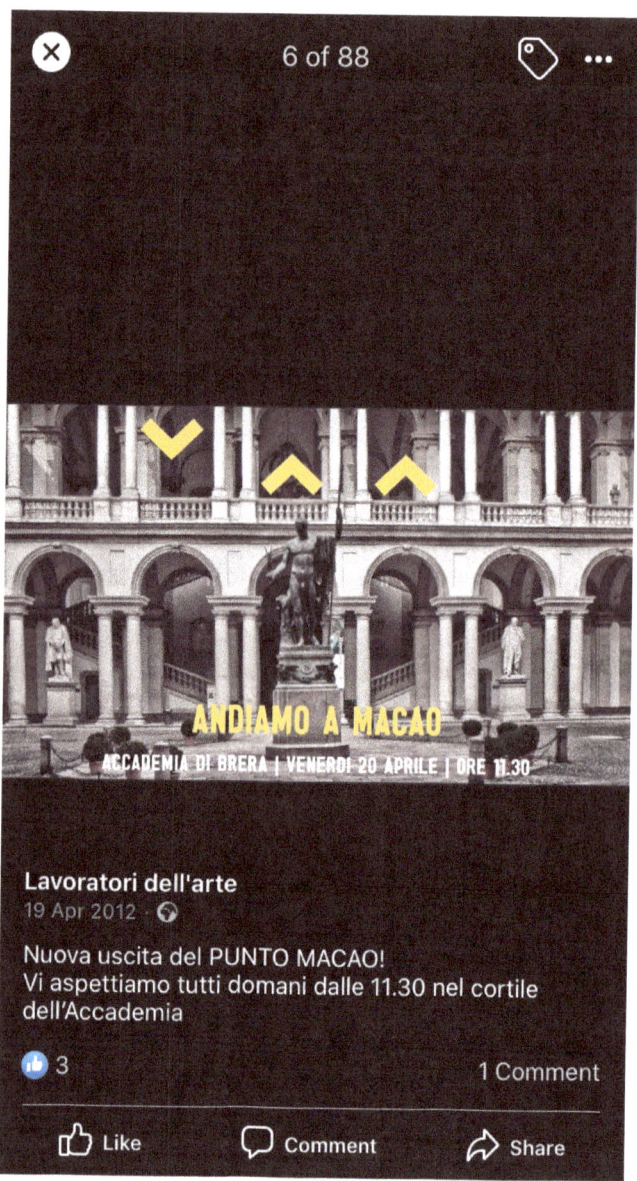

Appello
Macao è di tutti, proteggiamolo!

Sabato 5 Maggio i lavoratori e le lavoratrici dell'arte, dello spettacolo
e della cultura, cittadine e cittadini sono entrati nella torre Galfa
per aprire Macao, il nuovo centro per le arti e la cultura a Milano.
La torre Galfa, di proprietà del gruppo Fondiaria Sai, di cui il presidente onorario
è Ligresti, è uno storico grattacielo nel centro direzionale di Milano,
abbandonato da più di quindici anni.
L'apertura di Macao ha coinvolto in modo straordinario e trasversale
migliaia di persone, che da una settimana stanno lavorando senza sosta
per rendere questo spazio vivibile e visibile.
Siamo in tanti: viviamo ogni giorno un'esperienza di condivisione
di intenti e di visioni. Stiamo delineando una prospettiva inedita
nella costituzione di un centro per le arti e la cultura in questa città.
Innumerevoli le richieste da parte di Accademie, Università e intellettuali
di partecipare a Macao, portando le loro conoscenze e competenze,
mettendo a disposizione i loro mezzi di produzione, trasportando intere classi
e workshop all'interno di Macao, ora motore propulsivo
della creatività e libertà dei cittadini.

Crediamo che questo processo di partecipazione che tutti stiamo vivendo
con stupore ed entusiasmo, rappresenti finalmente una nuova prospettiva
di fare e ripensare la cultura. Oggi troppo spesso la cultura
è relegata a cosa di secondaria importanza a causa di una crisi generalizzata.
Crediamo che Macao stia, invece, dimostrando con forza, tenacia
e incredibile volontà, un altro modo di pensare i rapporti di forza
e di intendere i tempi di vita. Tutto questo è contagioso!

Purtroppo le minacce di sgombero sono molto pesanti e imminenti.
Non vogliamo e non dobbiamo lasciare questo meraviglioso processo in mano
a ad una logica di repressione poliziesca.

**CHIEDIAMO A TUTTE/I, CITTADINE/I, ARTISTE/I E INTELLETTUALI,
DI SOTTOSCRIVERE E DIFFONDERE QUESTO APPELLO
PER PROTEGGERE MACAO.**

Per firmare l'appello inviare una mail a proteggiamomacao@gmail.com

Lavoratori dell'arte
11 May 2012

Difendiamo M^C^O!

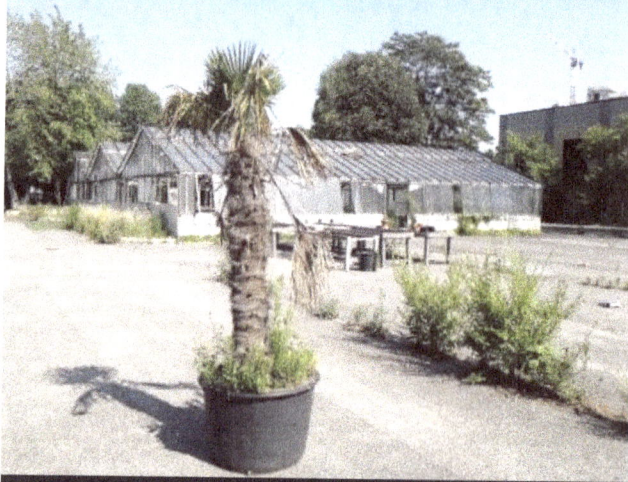

Lavoratori dell'arte
16 Jun 2012

Macao ha spiccato il volo questa mattina... See more

Lavoratori dell'arte
16 Jun 2012

Macao ha spiccato il volo questa mattina da diversi luoghi critici di Milano. Il Teatro Lirico comunale abbandonato dal 1999, i bellissimi ma silenziosi Cinema Maestoso e Splendor, l'ex Palazzo delle Poste in degrado da anni, la Fondazione Pomodoro chiusa di recente, il Provveditorato agli Studi, la Torre Galfa in balìa dei giochi speculativi del suo proprietario e Palazzo Citterio, in abbandono da quarant'anni e chissà per quanti altri...
Durante il corso della giornata, Macao, in un volo spericolato di attraversamento urbano, ha voluto aprire e rendere visibili alla cittadinanza altri luoghi simboli della mala gestione degli spazi di questa città; è atterrato momentaneamente all'ex-Vivaio di via Eginardo, proprio davanti all'enorme progetto di CityLyfe e al 'futuro' Museo D'Arte Contemporanea (MAC), in un'area di forte trasformazione e speculazione urbana a fronte dello smantellamento della Fiera di Milano, per poi andare a svelare un altro spazio abbandonato dalla cultura, lo storico Teatro Derby.
Questo volo seguirà per tutta la giornata fino ad atterrare nel luogo dove Macao si sentirà a casa.

👍 9   2 comments

👍 Like   💬 Comment   ↗ Share

Appello al Presidente della Repubblica

Roma, 3 ottobre 2009
Giornata del Contemporaneo

Presidente della Repubblica Italiana
Giorgio Napolitano
Palazzo del Quirinale
Roma

p.c.
Mariastella Gelmini
Ministra dell'Istruzione, dell'Università e della Ricerca

e
Senatore Sandro Bondi
Ministro per i Beni e le Attività Culturali

Signor Presidente della Repubblica,
a seguito di numerose riflessioni e confronti avvenuti in questi ultimi anni tra artisti, critici e professionisti del settore in merito alle politiche di promozione dell'arte italiana, un considerevole numero di operatori delle arti visive Le rivolge questa breve riflessione consapevole della sensibilità e attenzione da Lei più volte dimostrate in merito alle questioni della cultura intesa come strumento necessario per una democrazia davvero matura e consapevole.
Signor Presidente, sono ormai molti anni che nel nostro Paese il pensiero e l'operato di artisti e intellettuali vengono considerati unicamente come spesa e di conseguenza come valori secondari; ad aggravare ulteriormente la situazione sono i metodi adottati per le nomine delle direzioni di musei pubblici, accademie di Belle Arti e per il conferimento degli incarichi per la direzione e la curatela di rassegne ed esposizioni nazionali che hanno il compito di rappresentare lo stato della cultura contemporanea nel nostro Paese.
A differenza di molte altre nazioni, da ormai troppo tempo in Italia le direzioni di musei pubblici, delle accademie di Belle Arti e delle principali rassegne nazionali (biennali, triennali, quadriennali, etc.) vengono spesso assegnate secondo criteri obsoleti o particolaristici, quando non

per cooptazione, limitando l'accesso delle potenziali candidature e ponendo in secondo piano l'analisi approfondita dei percorsi professionali, dei curriculum vitae e dei titoli scientifici.

Signor Presidente, consapevoli di quanto la cultura e l'arte possano divenire, in questo difficile passaggio della Storia, strumenti capaci di aprire nuove e urgenti riflessioni rispetto ai mutamenti del nostro Paese e al suo futuro, crediamo sia venuto il momento di prendere parola per segnalare a Lei e alla classe dirigente italiana una situazione a lungo tollerata, ma oggi non più sostenibile, nel tentativo di sollecitare una discussione urgente, aperta, autenticamente aggiornata su questi temi.
Crediamo che l'indipendenza della cultura sia un valore da difendere e mai come oggi siamo convinti che proprio il pensiero, la cultura e l'arte richiedano un profondo senso di responsabilità e consapevolezza nel rispetto delle regole e a favore di una cultura italiana del XXI secolo autonoma e liberata da forme arretrate di clientelarismo; elemento quest'ultimo che non fa che aumentare un pericoloso e sempre maggiore isolamento del nostro Paese rispetto al dibattito culturale internazionale.

Per tutti gli aspetti elencati, Le chiediamo Signor Presidente, di porre attenzione al nostro appello e sollecitare le Istituzioni politiche ad aprire un dibattito in merito, oltre a domandare prassi limpide per le nomine che non mortifichino il merito e le pari opportunità.
A fronte di una significativa produzione culturale che oggi è costretta a confrontarsi con sempre minori risorse, è più che mai urgente che a livello istituzionale gli incarichi destinati a informare le politiche culturali ed espositive di questo Paese siano valutati a partire da modalità di selezione democratiche e trasparenti, nel rispetto delle responsabilità civiche che tali incarichi comportano. Proponiamo perciò, la costituzione di piccoli e flessibili organismi autonomi composti da rappresentanti della cultura nazionale e internazionale capaci di valutare, con la sufficiente serenità e professionalità le candidature, non solo sulla base dei titoli ma anche della valutazione preventiva di orientamenti o progetti scientifici e delle capacità organizzative.

Ci rivolgiamo a Lei, signor Presidente, perché abbiamo la certezza che, come noi, senta la necessità di dare nuovo slancio culturale a un paese che ha bisogno, più di altri, di pensare la cultura come strumento di democrazia, come patrimonio collettivo e diritto di tutti; in particolare per le nuove generazioni e per le nuove cittadine e i nuovi cittadini italiani.

In attesa di una Sua risposta, Le porgiamo la nostra gratitudine per il Suo operato e i sensi della nostra più alta stima

Firme raccolte dal 24 luglio 2009:

A
Chiara Agnello, curatrice, Careof DOCVA, Milano
Alessandra Agnolon, Fondazione Adriano Olivetti, Roma
Mario Airò, artista, Genova
Giovanni Anceschi, artista, professore ordinario presso IUAV, Venezia
Meris Angioletti, artista, Milano e Parigi
Marcella Anglani, docente di Storia dell'Arte Accademia di Belle Arti di Brera, Milano
Antonella Annechiarico, associazione no-profit Reporting System, Milano
Paola Anzichè, artista, Parigi e Torino
Antonio Arévalo, curatore, Roma
Stefano Arienti, artista, Milano
Stefania Arru, scrittrice, Milano
Marco Aruga, Associazione Torino Città Europea, Torino

B
Lucia Babina, curatrice, NAI, Rotterdam
Ugo Bacchella, presidente Fondazione Fitzcarraldo, Torino
Roberta Balma Mion, ricercatrice e operatrice culturale, Torino
Ofra Bannet, traduttrice, Milano
Giovanni Bai, artista, Milano
Marco Baroncelli, artista, Roma
Laura Barreca, curatrice, Palermo e New York
Gloria Bartoli, cittadina, Torino
Davide Baruzzi, operatore culturale, Bologna

Elisabetta Benassi, artista, Roma
Davide Bertocchi, artista, Milano e Parigi
Francesco Bernardelli, curatore, Torino
Simone Berti, artista, Milano
Chiara Bertola, curatrice, responsabile per l'arte contemporanea alla Fondazione Querini Stampalia, Venezia e direttrice artistica Hangar Bicocca, Milano
Giorgina Bertolino, curatrice, a.titolo, Torino
Luca Bertolo, artista, Genova
Matteo Bertelè, Dottorando in Lingue, Culture e Società, Università Ca' Foscari, Venezia
Diego Bionda, vice presidente Fondazione Novecento, Chivasso
Rossella Biscotti, artista, Rotterdam
Elena Biserna, dottoranda, Università degli studi di Udine
Stefano Boccalini, artista e docente di Arte Pubblica presso la Nuova Accademia di Belle Arti (NABA), Milano
Francesca Boenzi, critica d'arte, Napoli e Berlino
Alessandro Bollo, coordinatore ricerca per Fondazione Fitzcarraldo, Torino
Ilaria Bonacossa, curatrice, Torino
Carola Bonfili, artista, Roma e Londra
Valerio Borgonuovo, ricercatore culturale, Bologna
Anna Valeria Borsari, artista, Milano
Ivana Bosso, organizzazione e documentazione Fondazione Fitzcarraldo, Torino
Botto e Bruno (Roberta Botto, Gianfranco Bruno), artisti, Torino
Fiorenza Brioni, sindaco della Città di Mantova
Eva Brioschi, critica d'arte, Torino
Patrizia Brusarosco, direttore Viafarini DOCVA, Milano

C

Giorgia Calò, curatrice, curatrice Museo Laboratorio di Arte Contemporanea, Università La Sapienza, Roma
Irene Calderoni, curatrice, Torino
Cristiana Candellero, presidentessa Coordinamento Danza Piemonte, Torino
Valeria Cantoni, responsabile Master Arts & Cultural skills for management, Luiss Business School, Roma
Cecilia Canziani, curatrice, 1:1 Projects, Roma
Ludovica Carbotta, artista, Torino
Francesco Careri, Stalker/Osservatorio Nomade, docente di

Architettura Università di Roma 3, Roma
Andrea Caretto, artista, Torino
Dario Carmentano, artista, Matera
Sergio Casoli, gallerista, Milano
Cecilia Casorati, critica d'arte e docente presso Accademia di Belle Arti, Roma
Gennaro Castellano, associazione no-profit Reporting System, Milano
Beatrice Catanzaro, artista, Milano
Loris Cecchini, artista, Milano
Alessandro Ceresoli, artista, Milano
Luca Cerizza, curatore, Berlino e Milano
Manuele Cerutti, artista, Torino
Vincenzo Chiarandà, artista, UnDo.Net, Milano
Stefano Chiodi, critico d'arte, Roma
Alvise Chevallard, presidente Arte Giovane, Torino
Elena Ciresola, critica d'arte, Venezia
Stefano Collicelli Cagol, curatore, dottorando presso Royal College of Art, Londra e Venezia
Cristiana Collu, direttrice artistica Museo Arte Provincia di Nuoro (MAN), Nuoro
Francesca Comisso, curatrice, a.titolo, Torino
Gian Maria Conti, artista, co-fondatore aMAZElab, Milano
Danilo Correale, artista, Napoli
Rita Correddu, Associazione artepubblica, Bologna
Ermanno Cristini, artista, Varese
Vittorino Curci, artista, Bari

D

Sara D'Alessandro, operatrice culturale, Torino
Claudia D'angelo, Bologna
Valentina Dania, architetta, Cuneo
Michele Dantini, artista, Firenze
Roberto Daolio, critico d'arte e docente Accademia di Belle Arti, Bologna
Luca Dal Pozzolo, vicepresidente Fondazione Fitzcarraldo, Torino
Dario D'Aronco, artista, Rotterdam
Albina Daziano, Associazione Asilo Bianco, Novara
Sabine Delafon, artista, Milano
Luca Dini, presidente Fondazione Fabbrica Europa, Firenze
Loredana Di Nunzio, architetta, Torino
Elena Di Stefano, libera professionista, Torino

Julia Draganovic, curatrice, New York
Anna Detheridge, critica d'arte, Connecting Cultures, Milano
Vincenzo De Bellis, critico d'arte, Milano
Marco De Luca, artista, Torino
Flavio Del Monte, curatore, Milano
Elisa Del Prete, curatrice e direttrice residenza per artisti Nosadella.due, Bologna
Paola Di Bello, artista, Milano
Benedetta Di Loreto, critica d'arte, 1:1 Projetcs, Roma
Francesca Di Nardo, critica d'arte, Milano

E
Marina Engel, curatrice, Accademia Britannica di Archeologia, Storia e Belle Arti (BSR), Roma
Eva d. Toklas Produzioni, Roma

F
Elisabetta Fabrizi, Head of Exhibitions, British Film Institute, Londra
Cristina Fanelli, operatrice Sistema Biblioteche, Torino
Emilio Fantin, artista, Bologna
Lucia Farinati, critica d'arte, Londra
Milovan Farronato, curatore, Milano
Luigi Fassi, critico d'arte, Torino, New York
Barbara Fässler, artista, Milano
Flavio Favelli, artista, Bologna
Daria Filardo, curatrice, Firenze
Michael Fliri, artista, Bolzano
Mauro Folci, artista, docente Accademia di Belle Arti di Brera a Milano, Roma
Grazia Francavilla, cittadina, Torino
Fabrizio Francia, Presidente Consorzio Camù, Cagliari
Sandra Freguglia, responsabile comunicazione G. Canale & C., Torino
Pierluigi Fresia, artista, Torino
Marta Furlani, operatrice culturale, Genova

G
Elisabetta Galassi, operatore culturale, Milano
Matilde Galletti, critica d'arte, Genova
Emiliano Gandolfi, architetto, professore a contratto alla Technical University di Delft e alla National University of

the Arts, Taiwan
Anna Garbero, operatrice culturale, Torino
Francesco Garutti, critico d'arte, Milano
Gabriele Gaspari, curatore, cc26, Roma
Davide Gennarino, artista, Torino
Valentina Gensini, curatrice, Firenze
Melanie Ghiozzi, operatrice culturale, Pisa
Maria Giangrande, ricercatrice, Fondazione Fitzcarraldo, Torino
Ilaria Gianni, curatrice, Head of Programming Nomas Foundation, Roma e co-fondatrice di IM projects, Londra
Gino Gianuizzi, gallerista e operatore culturale, Neoncampobase, Bologna
Piero Gilardi, artista e presidente Padiglione Arte Vivente (PAV), Torino
Eugenio Giliberti, artista, Napoli
Bernardo Giorgi, artista, Siena
Augusta Giovannori, Fondazione ECM, Settimo Torinese (TO)
Lorenzo Giusti, curatore, Firenze
Daniela Grande, operatrice culturale, Saluzzo
Viviana Gravano, critica, docente dell'Accademia di Belle Arti di Brera a Milano
Stefano Graziani, artista, Venezia
Giulia Grechi, antropologa, docente presso Istituto Europeo Design (IED), Roma
Emio Greco, coreografo e danzatore, Amsterdam
Massimo Grimaldi, artista, Milano
Daniele Griot, direttore Scuola di Alto Perfezionamento Musicale, Saluzzo
Antonio Grulli, curatore, Bologna
Cecilia Guida, curatrice, dottoranda presso IULM, Milano
Alberto Guidato, artista, Milano
Emanuele Guidi, curatore, Roma-Vienna
Matteo Guidi, artista, Bologna

I

Caterina Iaquinta, curatrice, Roma
Giovanni Iovane, critico d'arte e docente presso Accademia di Belle Arti, Palermo
Alberto Iacovoni, direttore Istituto Europeo di Design, Roma

L
Cornelia Lauf, critica d'arte, docente presso lo IUAV, Venezia e Roma
Andrea Lissoni, curatore, Xing, Bologna
Luca Lo Pinto, curatore, redattore della rivista Nero, Roma
Claudia Lorenzi, ricercatrice, Rovereto
Claudia Losi, artista, Piacenza
Daniela Lotta, critica d'arte, Bologna
Lorenza Lucchi Basili, artista, Padova
Luca Luciano, artista, Torino

M
Teresa Macrì, critica d'arte, Roma
Angela Madesani, critica d'arte, Milano
Andrea Maggiora, operatore culturale, Torino
Sara Malaguti, cittadina, Bologna
Marcello Maloberti, artista, Milano
Susanna Mandice, giornalista freelance, Torino
Domenico Mangano, artista, Palermo e Roma
Fabiana Mariani, storica dell'arte, Milano
Eva Marisaldi, artista, Bologna
Vittoria Martini, critica d'arte, Venezia
Neve Virginia Mazzoleni, project manager Unicredit and Art, Torino
Lucilla Meloni, critica d'arte, docente Accademia di Belle Arti di Carrara, Roma
Antonella Miggiano, artista, Milano
Marzia Migliora, artista, Torino
Luca Molinari, architetto e critico, Napoli
Alice Militello, Associazione artepubblica, Bologna
Maria Morganti, artista, Venezia
Liliana Moro, artista, Milano
Ombretta Moschella, presidentessa Ass. culturale Agave, Roma
Maurizio Muraro, operatore culturale, Rivoli

N
Fabiola Naldi, curatrice, Bologna
Arabella Natalini, critica d'arte, Firenze
Verena Nava, cittadina, Modena
Dario Neira, artista, Torino
Luigi Negro, artista, Lecce
Gianmaria Nerli, curatore, Roma

Giancarlo Norese, artista, docente presso Accademia e Università di Bergamo

O
Alessandro Ottenga, Mountain Photo Festival, Aosta

P
Adrian Paci, artista, Milano
Athèna Panni, curatrice, Berlino
Riccardo Paracchini, artista, Milano
Chiara Parisi, direttrice del Centre International d'Art et du Paysage de l'Île de Vassivière, Francia
Paolo Parisi, artista e docente Accademia di Belle Arti di Bologna, Firenze
Lisa Parola, curatrice, a.titolo, Torino
Clelia Parvopassu, bibliotecaria, Torino
Francesca Pasini, curatrice, direttrice Fondazione Pier Luigi Remotti, Genova
Stefano Pasquini, artista, Bologna
Claudia Pellegrini, attrice e musicista, Roma
Maristella Pellegrineschi, architetta, Inzago
Luisa Perlo, curatrice, a.titolo, Torino
Rocco Perna, dirigente Regione Campania, Napoli
Diego Perrone, artista, Milano e Berlino
Mario Pieroni, direttore Zerynthia Associazione per l'Arte Contemporanea, Roma
Cesare Pietroiusti, artista e docente presso lo IUAV di Venezia, Roma
Alessandra Pioselli, critica d'arte, Milano
Alessandra Poggianti, critica d'arte, Livorno
Adriana Polveroni, critica d'arte, Roma
Alessandra Possamai, critica d'arte, Padova
Laura Pugno, artista, Torino

Q
Alessandro Quaranta, artista, Torino

R
Letizia Ragaglia, curatrice Museion, Bolzano
Annie Ratti, artista e presidente Fondazione Ratti, Como
Andrea Respino, artista, Torino
Moira Ricci, artista, Milano
Caterina Riva, curatrice, Form Content, Londra

Mili Romano, artista, docente Accademia di Belle Arti
di Bologna
Stefano Romano, artista, Milano
Elisabetta Rosolen, Musica '90, Torino

S
Giovanni Sabatini, artista e docente, Milano
Anna Santomauro, Bologna
Luca Scarabelli, artista, Milano
Gabi Scardi, curatrice, Milano
Marco Scotini, critico d'arte, coordinatore del Dipartimento
di Arti Visive Nuova Accademia di Belle Arti (NABA), Milano
Catterina Seia, Cultural Advisor, Torino
Marco Senaldi, critico d'arte, Piacenza
Giuliana Setari, presidente Dena Foundation for
Contemporary Art, Parigi e presidente Cittadellarte
Fondazione Pistoletto, Biella
Elisa Sighicelli, artista, Torino e Londra
Vincenzo Sinisi, vicesindaco della Città di Andria
Stefano Smareglia, artista, Roma
Franco Soffiantino, gallerista, Torino
Antonio Somaini, critico d'arte e docente presso la Facoltà
di Lettere, Università di Genova
Marina Sorbello, curatrice, Uqbar, Berlino
Giorgia Soncin, artista, Bologna
Carola Spadoni, artista, Roma
Raffaella Spagna, artista, Torino
Daniela Spagna Musso, artista, Bologna
Dora Stiefelmeier, direttrice Zerynthia Associazione per
l'Arte Contemporanea, Roma
Anna Stuart Tovini, artista, UnDo.Net, Milano
Francesco Stocchi, curatore, Roma
Carla Subrizi, critica d'arte, docente di Arte
Contemporanea all'Università La Sapienza e direttrice
Fondazione Baruchello, Roma

T
Anna Maria Tina, artista, Bologna
Valentina Testa, artista, Milano
Rosanna Todisco, coordinamento Master Teatro sociale,
Università degli Studi di Torino

U
Enzo Umbaca, artista, Milano
Silvia Urti, ricercatrice Fondazione Firtzcarraldo, Torino

V
Luisa Valeriani, critica d'arte, docente Accademia Belle Arti, Roma
Elvira Vannini, curatrice, dottoranda presso Dipartimento Arti visive, Università di Bologna
Marcella Vanzo, artista, Milano
Chiara Vecchiarelli, curatrice, Venezia
Sabrina Vedovotto, critica d'arte, Roma
Cosimo Veneziano, artista, Torino
Francesco Ventrella, critico d'arte, Leeds
Giorgio Verzotti, critico d'arte, Milano
Cesare Viel, artista, Genova
Leonardo Vietri, operatore culturale, Roma
Luisa Beatrice Violetta, cittadina, Ivrea
Luca Vitone, artista, Milano
Elena Vincenzi, architetto, Bologna

Z
Claudia Zanfi, direttrice Mast/aMAZElab, Milano

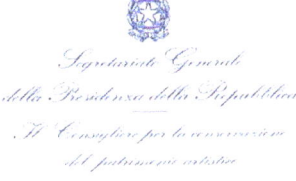

*Segretariato Generale
della Presidenza della Repubblica
Il Consigliere per la conservazione
del patrimonio artistico*

Roma, 3 novembre 2009

Ai firmatari dell'Appello
al Presidente della
Repubblica in merito alle
politiche di promozione
dell'arte italiana

Il Capo dello Stato ha ricevuto la vostra lettera e mi prega di farvi sapere che è estremamente sensibile alle varie problematiche sollevate nell'appello.

Non si può che condividere la vostra battaglia a favore di una cultura italiana "autonoma e liberata da forme arretrate di clientelismo".

In questa ottica adoperarsi per impedire che le nomine alle direzioni dei musei pubblici, delle accademie di Belle Arti e delle principali rassegne nazionali vengano assegnate "secondo criteri obsoleti o particolaristici quando non per cooptazione" è essenziale.

È opportuno individuare in seno al MiBAC e anche agli enti chiamati ad affidare incarichi per la direzione e la curatela di rassegne ed esposizioni nazionali persone scientificamente qualificate in grado di esprimere un parere sereno sulla professionalità dei candidati ai vari posti da ricoprire.

Il Presidente della Repubblica non mancherà perciò di prestare attenzione alle problematiche evidenziate nel vostro appello.

Con viva cordialità

Prof. Louis Godart

Rivoli: le firme e le questioni aperte

La vicenda del Castello di Rivoli, dalla nomina a sorpresa di Minoli, alla falsa conferma di Jens Hoffman, passando per le pubbliche accuse imbarazzanti di Minoli nei confronti di Hoffman fino al successivo ripiego su Beatrice Merz, è una delle tante storie che suscitano dubbi e incertezze sulla serietà e professionalità del sistema dell'arte contemporanea italiano.
Come molti, Cecilia Guida ha deciso di denunciare un'incongruenza. La Lettera su Rivoli è stata scritta il 23 dicembre poi appoggiata e pubblicata su UnDo.Net dal 27 dicembre dove procedono le sottoscrizioni.
La lettera è stata il mezzo attraverso cui si è creata un'opinione pubblica che ha parlato e discusso facendo in modo che la gravità dell'evento non passasse inosservata durante il periodo natalizio, ma è stata anche un'espressione d'indignazione nei confronti di un sistema ormai saturo di episodi di questo tipo.

L'ingerenza della politica nella cultura che si cela dietro alle figure istituzionali molto spesso porta a modalità e decisioni lavorative che prescindono da criteri necessari per elaborare pareri validi e di una certa criticità.
Attraverso una scrittura accessibile e una diffusione per canali informali (web, email e telefono), la lettera da' voce a coloro che non si riconoscono in metodologie e processualità che mancano di rispondere a standard di competitività in un contesto sia nazionale che internazionale.
La lettera ha riscontrato una grande risposta e ha messo in difficoltà molte figure dell'ambiente artistico, svelando contraddittorietà interne. Lo "scandalo" della sua diffusione rileva la reale presenza di accordi interni incongruenti con l'etica lavorativa. Coloro che hanno firmato la lettera con consapevolezza e serietà scelgono una posizione forte e chiara, cercando di scardinare l'accezione negativa del "pasticcio all'italiana".
La lettera su Rivoli è una delle iniziative, già attive o ancora in fase progettuale, che segnano una volontà di riflettere criticamente sulle molte incongruenze riscontrate, ma anche di promuovere un pensiero nuovo, una proposta, che si basa su principi di competenza e trasparenza.

La lettera, appoggiata da UnDo.net, darà spazio ad
un discorso critico e reattivo per mettere le basi per
una ristrutturazione di un contesto in cui potenzialità
creative possano essere promosse per la loro
qualità. Sotto forma di rubrica, si continua l'azione di
resistenza all'identificazione in modelli ormai obsoleti,
ricontestualizzandoli in un discorso critico. Collaborando
con un network di professionisti si cercherà di attivare una
reale proposta alternativa e di ricreare una situazione di
livello.

Aria Spinelli

Lettera aperta

Caro/a,
la maniera con cui è stata gestita la selezione per la nuova
direzione del Castello di Rivoli lascia tutti amareggiati e
indignati. In queste ore numerosissime sono le critiche su
forum, portali d'arte, facebook, via sms, telefono, ecc. In
modo che la nostra opinione e il nostro disappunto non si
disperdano, uniamo le forze e facciamoci sentire! Qui sotto
trovi una lettera aperta sull'intera vicenda. Ti chiedo di
leggerla e, se lo ritieni oppurtuno, dare il consenso per la
firma a questo indirizzo e-mail:
lettera_rivoli@undo.net

La conclusione della vicenda per la nuova direzione del
Castello di Rivoli lascia tutti gli addetti ai lavori dell'arte
contemporanea, oltre che stupiti, amareggiati e delusi.
Anche indipendentemente da un giudizio di merito su
qualità professionale, curriculum e progetti proposti dai
due nuovi condirettori, il metodo seguito per la nomina
ha purtroppo confermato le preoccupazioni da piu' parti
emerse in precedenza.

1) la ripetuta, pubblica pressione esercitata dall'assessore
alla cultura Oliva ha pesantemente condizionato tutto
l'andamento della procedura di nomina;

2) la nomina di Giovanni Minoli a Presidente del Consiglio

di Amministrazione è stata evidentemente ispirata non da criteri di professionalità e conoscenza del settore, ma per garantire con un nome di grande impatto mediatico le decisioni del Consiglio stesso;

3) le procedure di selezione dei candidati e di valutazione dei loro progetti non sono state ispirate a trasparenza e, soprattutto, la decisione finale e' stata presa da una sola persona (Minoli stesso) che ha candidamente ammesso, fra l'altro, di essere stato a Rivoli l'ultima volta nel 1985 e di non parlare l'inglese (ciò che evidentemente non rende possibile un'analisi approfondita ed oggettiva dei progetti presentati da candidati non italiani);

4) la gestione della comunicazione seguita alla nomina della coppia Bellini-Hoffmann e soprattutto le pesanti, gratuite e non smentite dichiarazioni di Minoli secondo le quali Hoffmann, con la sua rinuncia, si sarebbe comportato come "un bandito" o come "un calciatore di terza categoria" gettano un'ombra sulla statura morale e sull'adeguatezza umana e gestionale dell'attuale Presidente del Consiglio di Amministrazione del Castello di Rivoli.

Visto tutto ciò i sottoscritti ritengono che, per dimostrare dignità e correttezza, l'unica cosa che Giovanni Minoli potrebbe a questo punto fare è di rassegnare le dimissioni da Presidente del Consiglio di Amministrazione del Museo di Arte Contemporanea Castello di Rivoli.

Parimenti i due nuovi direttori Beatrice Merz e Andrea Bellini, per sgomberare il campo da ogni sospetto di nomina pilotata e non ispirata a valutazione di merito, dovrebbero anch'essi rassegnare le dimissioni cosicchè un nuovo Consiglio di Amministrazione possa finalmente procedere alla nomina di una giuria internazionale e ad un reale concorso per la nuova nomina del Direttore, finalmente con criteri di trasparenza e di meritocrazia.

Solo in tal caso le sgradevoli e imbarazzanti vicende delle ultime settimane potranno dar luogo ad una vera opportunità e potranno essere di esempio per le procedure di nomina anche nel resto del Paese.

Al 13 gennaio 2010 hanno firmato 146 persone
Le firme sono ora aggiornate al 25 gennaio:

Giampaolo Abbondio
Antonia Alampi
Yuri Ancarani
Marcella Anglani
Bianca Aravecchia
Nicola Arrigoni
Emanuela Ascari
Micol Assael
Lino Baldini
Luca Bertolo
Lapo Binazzi
Elena Biserna
Sofia Boffardi
Massimo Bonato
Paola Bortolotti
Valentina Briguglio
Graziella Busso
Manuela Buttiglione
Elisa Caldana
Antonella Campisi
Jacopo Candotti
Daniele Capra
Andrea Caretto
Letizia Cariello
Maria Grazia Carpaneto
Rossella Caruso
Cecilia Casorati
Francesco Cassata
Francesca Castiglia
Giulia Casula
Anna Cestelli Guidi
Benedetta Cestelli Guidi
Viviana Checchia
Francesca Chiacchio
Giovanni Chiaramonte
Vincenzo Chiarandà
Francesca Cigardi
Giulia Cilla
Rossana Ciocca
Giulia Coccia

Claudia Colasanti
Gianluca Collica
Giacomo Colosi
Nellì Cordioli
Martina Corgnati
Rita Correddu
Ermanno Cristini
Annarita Curcio
Dario Cusani
Paola D'Andrea
Luigi D'Eugenio
Marina Dacci
Anna Daneri
Roberto Daolio
Brunetto De Batté
Agnese De Donato
Tiziana Di Caro
Ute Diehel
Bruno Di Lecce
Cristina Dinello
Micol Di Veroli
Sara Enrico
Al Fadhil
Emilio Fantin
Eleonora Farina
Cleo Fariselli
Flavio Favelli
Ettore Favini
Andrea Ferri
Daria Filardo
Luisa Filippi
Roswitha Flaibani
Marta Fumagalli
Alberto Gasparri
Raffaele Gavarro
Silvia Giambrone
Michele Graglia
Eleonore Grassi
Viviana Gravano
Francesco Graziosi
Francesca Guerisoli
Cecilia Guida
Michele Guido

Michela Gulia
Andia Afsar Keshmiri
Caterina Iaquinta
Flavia Lanza
Angelo Liberati
Claudio Libero Pisano
Andrea Lissoni
Elena Lotti Astolfi
Matteo Lucchetti
Francesco Lucifora
Teresa Macrì
Roberto Maggiori
Simone Mair
Silvano Manganaro
Federica Marangoni
Massimo Marchetti
Luciano Maria Marocco
Lisa Mazza
Pietro Mele
Barbara Meneghel
Federica Menin
Anna Mecugni
Gianluca Meo
Rossella Moratto
Liliana Moro
Enrico Morsiani
Jasa Mrevlje
Alessandro Nassiri Tabibzadeh
Arabella Natalini
Luigi Negro
Giuditta Nelli
Giancarlo Norese
Laura Nozza
Amerigo Nutolo
Alek O.
Francesca Orsi
Manuela Pacella
Francesca Pagliuca
Massimo Palazzi
Federico Palazzoli
Primo Pantoli
Francesca Pasini
Maria Pecchioli

Vincenzo Pennacchi
Daniele Perra
Carlotta Pezzolo
Emanuele Piccardo
Cesare Pietroiusti
Roberto Pinto
Alessandra Poggianti
Adriana Polveroni
Lydia Pribisova
Agnese Purgatorio
Daniela Quadrelli
Domenico Quaranta
Marco Rambaldi
Alessandro Ratti
Anni Ratti
Maria Cristina Reggio
Francesca Rivetti
Mili Romano
Stefano Romano
Andrea Rosada
Riccardo Rosati
Luca Rossi
Emiliana Sabiu
Anna Santomauro
Lidia Sanvito
Emanuele Sbardella
Silvia Sbordoni
Massimo Scaringella
Marco Scotini
Mirko Smerdel
Gianna Solmi
Giorgia Soncin
Paola Sosio
Raffaella Spagna
Franco Speroni
Aria Spinelli
Ivana Spinelli
Dino Spreafico
Anna Stuart Tovini
Stefano Taccone
Lorena Tadorni
Maurizio Temporin
Cecilia Tirelli

Paola Tognon
Barbara Tomassi
Diego Tonus
Gabriele Tosi
Alessandro Trabucco
Rosanna Tripaldi
Julia Trolp
Andrea Tugnoli
Silvana Turzio
Luisa Valeriani
Valentina Valentini
Emilia Valenza
Elvira Vannini
Sabrina Vedovotto
Marinella Venanzi
Cosimo Veneziano
Maria Villa
Angela Viola
Jason H Waite
Amalia Zordan
Agostina Zwilling

Documento dei Lavoratori dell'Arte

L'assenza di un'etica professionale, la totale incapacità di stabilire criteri di valutazione obiettivi per il riconoscimento degli operatori culturali, l'organizzata mancanza di ricambio generazionale, l'imperante esaltazione del singolo a discapito di forme lavorative che innescano processi collaborativi ed infine la sistematica disattenzione verso pratiche che non perseguono obiettivi economici e di mercato, non solo hanno determinato in Italia un sistema incapace di aprirsi al men che minimo cambiamento, ma hanno anche generato processi irreversibili di de-professionalizzazione, creando i presupposti per una pericolosa separazione tra sfera pubblica e produzione culturale. Di più. La costante attuazione di queste modalità spesso invalida ogni tipo di opposizione, soffocando la fiducia nel cambiamento e rendendo vano ogni sforzo per perseguirlo.

In risposta all'attuale situazione sopra descritta, i lavoratori del settore hanno messo in discussione i processi istituzionali di produzione culturale, sollevando le problematiche del rapporto tra arte e sfera pubblica. L'incapacità delle istituzioni di creare un sistema in grado di favorire le nuove generazioni ha dato vita alla nascita di gruppi autonomi e auto-organizzati, al fine di fornire alternative reali ed evidenziare i limiti e le mancanze delle istituzioni stesse.

Crediamo che il sistema all'interno del quale lavoriamo e produciamo cultura sia da ripensare in modo radicale.

Tutti constatiamo che la nostra vita di lavoratori è estremamente precarizzata. Investiamo di tasca nostra per acquisire un alto livello di formazione, maturando una grande aspettativa che è frutto delle nostre conoscenze, del nostro spirito critico e delle nostre presunte libertà individuali. Sempre di tasca nostra investiamo per mettere in pratica il meglio che sappiamo fare, così da ritagliarci un ruolo di prestigio nel sistema dell'arte. Aspettiamo che questo sistema ci riconosca un'economia, che ci permetta di produrre in modo indipendente e nel rispetto della libertà d'espressione, anche al di fuori di un'ottica di accumulo e profitto. Questo diritto non ci viene corrisposto ma non ci viene neanche negato di principio. Qui comincia lo sfruttamento: investiamo per salvaguardare il nostro ruolo e in cambio veniamo pagati per una miriade di sotto prodotti di ciò che sappiamo fare. Sotto prodotti che vanno a comporre il vero mercato dell'industria culturale.

Non siamo dei veri e propri esclusi, perché il fatto stesso di essere esclusi è il vero business!

Viviamo nell'attesa di oltrepassare una soglia, di entrare nella stanza dei diritti condivisi, della legittimità di un'espressione indipendente, senza capire che quest'anticamera è il sistema stesso: non c'è niente oltre quella soglia. Ci hanno tolto i diritti senza che ce ne accorgessimo. Inconsapevolmente stiamo interpretando le condizioni del nostro sfruttamento. Subiamo la precarietà nell'attesa di qualcosa di più legittimo ma siamo noi stessi ad alimentare questa grande disattesa.

Perché accettiamo che questi aspetti siano secondari? Perché i lavoratori dell'arte fanno fatica ad identificarsi con le proteste degli altri lavoratori precarizzati?

Riconosciamo la produzione artistica e culturale come produzione comune, ovvero come frutto dell'incontro tra la singolarità e la dimensione sociale, cooperante e collettiva. Riteniamo che questa produzione comune debba essere affermata contro la sua appropriazione privatistica. Gli strumenti di questa ri-appropriazione devono essere nuove forme di reddito e un nuovo welfare. Un welfare che non è assistenzialista, ma che riconosce pienamente il carattere sociale, reticolare, comune dell'atto di creazione.

Dobbiamo riappropriarci dei nostri beni comuni, e dobbiamo saper esprimere questa istanza usando il potere dei linguaggi che possediamo.

Invitiamo tutti i lavoratori dell'arte ad aprire uno spazio di discussione, di azione politica e di espressione artistica, che diventi luogo dove reclamare i diritti ed elaborare un diverso immaginario di produzione culturale.

Primi firmatari (in ordine alfabetico):
Marcella Anglani
Marco Baravalle
Francesco Bertelè
Emanuele Braga
Daria Carmi
Angelo Castucci
Francesca Chiacchio
Vincenzo Chiarandà
Valerio Del Baglivo
Maddalena Fragnito
Cecilia Guida
Francesca Guerisoli
Matteo Lucchetti
Aria Spinelli
Anna Stuart Tovini

Firmatari (in ordine alfabetico):
Francesca Agostoni
Sara Alessandrello
Piero Almeoni - Osservatorio inOpera
Roberto Amoroso
Alessandra Arnò
Emanuela Ascari
Laura Baldo
Filippo Ballarin
Katia Baraldi
Greta Bastelli
Veronica Bellei
Paolo Bergman
Giorgio Berra
Alice Berton
Renata Boero Mendini
Giulia Bombelli
Isabella Bordoni
Tomaso Bozzalla Cassione
Valentina Briguglio
Giulia Brivio
Melissa Bugarella
Paolo Caffoni
Paquale Campanella
Francesca Caputo
Elio Carmi

Rosa Carnevale
Rossella Caruso
Gianni Cella
Giusy Checola
Sarah Ciracì
Circolo Arci Bellezza
Compagnia Cinzia Delorenzi
Viana Conti
Leone Contini
Luigi Coppola
Danilo Correale
Laura Costa
Clementina Costanzo
Raffaella Crispino
Marzia Dalfini
Roberto Daolio
Domenico De Chirico
Guia Del Favero – Suite Case
Barbara Della Polla
Vera Dell'Oro
Vittorio Del Piano
Roberto de Luca
Matteo Donati
Arman Fadaei
Eleonora Farina
Andrea Ferri
Laura Florio
Mauro Folci
Anna Follo
Cecilia Foresi
Davide Franceschini
Luca Francesconi
Eva Frapiccini
Chiara Fumagalli
Fuori Dal Vaso
Maria Grazia Galatà
Irene Galimberti
Bernardo Giorgi
Cecilia Gnocchi
Filippo Gregori
Daniele Guadalupi
Lucia Lamberti
Chiara Lice

Leda Lunghi
Manuela Macco
Dante Maffei
Valentina Maggi
Alberto Magrin
Claudia Manfredi
Salvatore Manzi
Carrozzeria Margot
Viola Marongiu
Pamela Martinelli
Vittoria Martini
Matteo Mascheroni
Ferdinando Mazzitelli
Neve Mazzoleni
Daniele Milanesi
Daniella Andrea Isamit Morales
Rossella Moratto
Barbara Morlacchi
Oscar Morosini
Lijuva Moser
Alessandro Nassiri Tabibzadeh
Luigi Negro
Giuditta Nelli
Ottavia Nicolini
NoiSeGrUp
Giancarlo Norese
Ari Nunes
Elisabetta Oneto
Luca Pantina
Pierfabrizio Paradiso
Eleonora Parrello
Gaia Pasi
Francesca Pasini
Maria Pecchioli
Chiara Pergola
Carlotta Pezzolo – CHAN
Lorenza Pignatti
Camilla Pin
Caterina Poggesi
Alessandra Poggianti
Cristina Pontisso
Silvia Porro
Postcards from Beirut

Chiara Pozzi
Sergio Racanati
Giuliana Racco
Iris Rainbow
Rha ze
Stefania Ricci
Lucrezia Alessia Ricciardi
Emanuela Romano
Stefania Rossi
Roberto Rossini
Marcella Russo
Paola Sabatti Bassini - Osservatorio inOpera
S.a.L.E. Docks
Chiara Sartori
Emanuele Sbardella
Gabi Scardi
Alessandra Senso Odoni
Elisa Serra
Francesca Serrati
Beto Shwafaty
Josè Roberto Shwafaty Siqueira
Mirko Smerdel
Silvia Somaschini
Eddie Spanier
Anita Sto
Marco Strappato
Giulia Ticozzi
Chiara Tinonin
Trama21
Nicola Trezzi
Luca Tripeni
Franco Troiani
UnDo.Net
Valle Occupato
Olga Vanoncini
Claudia Ventola
Francesco Ventrella
Eugenio Viola
Edoardo Vitale
Sibilla Zandonini
Virginia Zanetti
Zanforlin
Angela Zurlo

**Comunicato dei Lavoratori dell'Arte
(pubblicato il 25/09/2011)**

I Lavoratori dell'Arte intendono dare una risposta alle adesioni ricevute da parte di molti artisti e operatori culturali.
Il Documento dei Lavoratori dell'Arte esprime la convinzione che sia necessario conquistare all'arte e alla cultura lo status di beni comuni e vuole rappresentare un punto di partenza per sviluppare pratiche e discussioni intorno alla necessità di costruire un nuovo welfare culturale.

Per questo motivo, noi Lavoratori dell'Arte, dobbiamo cercare di esplicitare con chiarezza le condizioni di precarietà in cui ci troviamo ad operare. Specialmente laddove il termine precarietà appare ormai inflazionato, è necessario invece riconoscerne le dinamiche, l'ambivalenza, l'estensione e le forme. Del resto, in un momento in cui la crisi ha acuito la gravità delle nostre condizioni, dobbiamo partire da una diagnosi lucida per mettere in campo contromisure efficaci.

Cerchiamo di chiarire alcuni aspetti, per punti.

- Questo non è un manifesto
- Non siamo né vogliamo diventare un sindacato.
- Non ci interessa rappresentare qualcuno, ma vogliamo costruire un mezzo di auto rappresentazione.
- Non lottiamo per l'establishment italiano dell'arte contemporanea.
- Rifiutiamo l'estetizzazione delle lotte e l'idea di avanguardia, in arte come in politica.
- Conseguentemente vogliamo attraversare le lotte reali, aperte anche su terreni diversi ma affini a quello delle arti visive, come quelle dei lavoratori dello spettacolo, della conoscenza e degli studenti.
- Non ci interessa riconfermare la distribuzione istituzionale di ruoli: l'artista, il curatore, il pubblico, ecc. Usiamo questi termini senza imbarazzo, ma preferiamo rompere questi confini indicando nell'operatore del contemporaneo quella figura che ricompone la nostra frammentazione esistenziale,

professionale, sociale, culturale e politica. L'operatore del contemporaneo è artistacuratorecriticodesignerdanzatoreautorepubblicocreativoguardasalastudentericercatorestagistascrittoreattoretecnicocopywritermaschera e molto altro ancora.
- Non ci interessa far funzionare questo sistema. Denunciamo le ingerenze politiche in campo artistico e la vergognosa governance pubblica della cultura, non per affermare lo status quo dell'istituzione arte in Italia, ma perché pensiamo che da questa inadeguatezza si debba partire per inventare nuove forme istituzionali.
- Diciamo che reddito e welfare sono due temi che devono entrare nel dibattito critico intorno alle arti visive. Senza, non troviamo punti di aggancio con le lotte reali, ma ci limitiamo a ri-affermare il nostro piccolo posto nel sistema quali critici dello stesso. Non siamo gli utili idioti complici.
- Noi non chiediamo assistenza, vogliamo ciò che ci spetta. Laddove i discorsi e le pratiche artistiche istituzionali hanno già individuato la natura relazionale, sociale, cooperante e reticolare della produzione artistica contemporanea, ciò che manca è una distribuzione equa del valore che viene socialmente prodotto. Esso è concentrato nelle mani di pochi a discapito di molti (quei molti senza cui oggi l'arte non potrebbe funzionare se non nella ripetizione di modelli ormai esausti). Siamo dunque catturati all'interno di una parodia della dimensione comune dell'arte. A noi spetta il compito di prendere sul serio questo comune, ri-catturandolo attraverso un'inchiesta seria delle nostre condizioni di vita/lavoro, attraverso la messa in campo di forme di lotta adeguate e allo stesso tempo, attraverso pratiche critiche e artistiche che sappiano articolare i nessi tra arte, politica e lavoro.
- Diciamo che i linguaggi artistici sono un fatto politico e diciamo che la precarietà è un freno alla sperimentazione, all'ambizione, all'intelligenza, alla radicalità e al respiro globale dell'arte.

Questi pochi spunti generali dovranno, fin da subito, essere messi in pratica su due livelli paralleli. Il primo sarà quello delle mobilitazioni dell'autunno prossimo in cui gli operatori del contemporaneo possono ritagliarsi un ruolo di primo piano. Queste mobilitazioni avranno come bersaglio le politiche di austerity che, tra i molti effetti

negativi, conteranno il risultato di porre un freno ulteriore alle pratiche artistiche indipendenti.
In secondo luogo dobbiamo elaborare degli strumenti legali e giuridici che possano iniziare a regolare i nostri diritti. Ad esempio un corpus di contratti che possa meglio tutelare la nostra produzione, ma anche ad una bozza di carta di responsabilità sociale applicabile al lavoro in ambito artistico.

Aderiamo alla "Giornata di stati generali di lavoratori della conoscenza" che si terrà al Teatro Valle Occupato a Roma il 30 settembre 2011, riconoscendola come un importante appuntamento nazionale di coordinamento di tutte le organizzazioni che fanno parte di questo movimento.

A partire da chi ha aderito al Documento dei lavoratori dell'arte, siamo particolarmente interessati a coordinare le forze con gruppi di lavoro che stanno già elaborando strumenti e ricerche inerenti all'agenda politica che stiamo promuovendo.

Sitografia utile

Art Workers Coalition
https://en.wikipedia.org/wiki/Art_Workers%27_Coalition

Apertura dello studio - Manifesto della collaborazione Lo Zoo
http://www.pistoletto.it/it/crono07.htm

Progetto Oreste, il fantastico nel quotidiano
https://www.alfabeta2.it/2019/04/21/progetto-oreste-il-fantastico-nel-quotidiano/

Il vero de Il falso Oreste
http://1995-2015.undo.net/it/argomenti/1255808744

Appello al Presidente della Repubblica
http://1995-2015.undo.net/it/argomenti/1254428367

La risposta della Presidenza della Repubblica
http://1995-2015.undo.net/it/argomenti/1258125834

Da Bologna a Roma passando per Venezia
http://1995-2015.undo.net/it/argomenti/1261071685

Emerge l'Appello a Venezia
http://1995-2015.undo.net/it/argomenti/1263313317

Il tavolo di Roma
http://1995-2015.undo.net/it/argomenti/1264524475

L'Appello si fa mappa
Rivoli: le firme e le questioni aperte
http://1995-2015.undo.net/it/argomenti/1263392173

Cronistoria di un movimento
http://1995-2015.undo.net/it/argomenti/1311341043

Numero Quattro: Genova
http://1995-2015.undo.net/it/argomenti/1267540583

L'altra parte del giorno
http://1995-2015.undo.net/it/evento/99348

Italiani a Berlino
http://1995-2015.undo.net/it/argomenti/1269706968

furiBondi
http://1995-2015.undo.net/it/argomenti/1292527800

Pubblicazioni, azioni, incontri e iniziative dei Lavoratori dell'Arte
http://1995-2015.undo.net/it/my/d903714347694af092af40046b9d45b2

Lavoratori dell'arte a Torino
http://tavolodilavoro.blogspot.com/

Lo spettacolo che tutti vogliono
https://www.exibart.com/evento-arte/maddalena-fragnito-emanuele-braga-lo-spettacolo-che-tutti-vogliono/

L'arte è un lavoro
http://1995-2015.undo.net/it/videopool/1311344706

Dichiarazione d'intenti dei Lavoratori dell'Arte
http://1995-2015.undo.net/it/my/d903714347694af092af40046b9d45b2/103/211

In diretta dal PAC di Milano
http://1995-2015.undo.net/it/my/d903714347694af092af40046b9d45b2/103/206

Comunicato stampa di uscita dal PAC
http://1995-2015.undo.net/it/my/d903714347694af092af40046b9d45b2/103/222

Arte nella Torre Galfa
https://www.domusweb.it/it/arte/2012/05/12/arte-nella-torre-galfa.html

Macao Milano, la storia
https://www.macaomilano.org/spip.php?article105

Macao Milano, Torre Galfa
https://www.macaomilano.org/spip.php?rubrique40

Macao Milano, Palazzo Citterio
https://www.macaomilano.org/spip.php?rubrique60

Difendere Macao
https://1995-2015.undo.net/it/argomenti/1339442437

Art Workers Italia
https://artworkersitalia.it/

**LA CONDIZIONE ITALIANA
CONTEMPORANEA.
LAVORATORI DELL'ARTE
2009-2011 (?)**

A CURA DI
PAOLA PIETRONAVE

CONTRIBUTI DI
FRANCESCO BERTELÉ
EMANUELE BRAGA
FRANCESCA CHIACCHIO
CECILIA GUIDA
MATTEO LUCCHETTI
FERDINANDO MAZZITELLI
GIANCARLO NORESE

PROGETTO REALIZZATO
PER IL CORSO DI DESIGN
PER L'EDITORIA I, BIENNIO
SPECIALISTICO IN ARTI VISIVE
E STUDI CURATORIALI,
NABA MILANO

FONT:
COMBAT (MARTIN DESINDE
PER VELVETYNE TYPE
FOUNDRY), IBM PLEX SERIF,
WORK SANS

COLORI CMYK:
0-0-0-100, 100-60-0-0,
0-72-65-0

www.ingramcontent.com/pod-product-compliance
Lightning Source LLC
Chambersburg PA
CBHW070422240526
45472CB00020B/1142